GREATEST PIONEERS

改变历史的开拓者

[英]爱丽丝·巴尔内斯·布朗 编著　　张建威　王伶俐 译

中国画报出版社·北京

图书在版编目（CIP）数据

改变历史的开拓者 /（英）爱丽丝·巴尔内斯·布朗编著；张建威, 王伶俐译. -- 北京：中国画报出版社, 2025.5. --（萤火虫书系）. -- ISBN 978-7-5146-2392-5

Ⅰ. K811

中国国家版本馆CIP数据核字第20253D1B68号

Articles in this issue are translated or reproduced from All About History Book of Greatest Pioneers and are the copyright of or licensed to Future Publishing Limited, a Future plc group company, UK 2019.

北京市版权局著作权合同登记号：01-2024-6300

改变历史的开拓者

[英]爱丽丝·巴尔内斯·布朗　编著　张建威　王伶俐　译

出 版 人：方允仲
责任编辑：李　媛
内文排版：郭廷欢
责任印制：焦　洋

出版发行：中国画报出版社
地　　址：中国北京市海淀区车公庄西路33号　邮　编：100048
发 行 部：010-88417418　010-68414683（传真）
总编室兼传真：010-88417359　版权部：010-88417359

开　　本：16开（787mm×1092mm）
印　　张：13.125
字　　数：206千字
版　　次：2025年5月第1版　2025年5月第1次印刷
印　　刷：北京汇瑞嘉合文化发展有限公司
书　　号：ISBN 978-7-5146-2392-5
定　　价：76.00元

欢迎走近改变历史的开拓者

随着匠心独运的发明和操翰成章的灵感每天层出不穷，我们周围的世界日益斑斓缤纷，生活渐趋丰富多彩。在当今这样一个坐拥先进医疗手段的时代，人们能够化腐朽为神奇，妙手回春，点石成金。不过，生活并非总是如此这般理所当然。在《改变历史的开拓者》一书中，我们将带您走近备受人们敬仰的先驱们。正是他们的划时代创新才使得我们的世界变得更加美好。他们用自己独具匠心的发明、文化艺术的创造和政治领域的成就塑造了人类的未来。欢迎您翻开《改变历史的开拓者》，与近百位史上值得为人铭记的人物相识相知。

目 录

科学巨匠

42
列奥纳多·达·芬奇

82
古列尔莫·马可尼

8
爱迪生与特斯拉

50
达尔文

86
尤里·加加林

18
历史上的医学创举

60
爱因斯坦

文化巨擘

28
居里夫人

66
莱特飞行者一号

92
古希腊哲学

34
牛顿

68
艾达·勒芙蕾丝

103
孔子

38
伽利略

78
海蒂·拉玛

104
阿拉伯黄金时代的8个著名人物

政坛翘楚

114
法蒂玛·阿尔·菲赫利

118
古罗马建筑大师维特鲁威

144
缔造美国的人

178
彻底的现代女性

122
作家和文字大师

154
尼科洛·马基雅维利

184
共产主义创始人

128
9次不可思议的探险

160
孙子

190
一个革命者的崛起

138
内莉·布莱

162
沃克夫人

202
西丽玛沃·班达拉奈克

166
为美国争取种族平等的斗士

科学巨匠

8
爱迪生与特斯拉

18
历史上的医学创举

28
居里夫人

34
牛顿

38
伽利略

42
列奥纳多·达·芬奇

50
达尔文

78
海蒂·拉玛

60
爱因斯坦

82
古列尔莫·马可尼

66
莱特飞行者一号

86
尤里·加加林

68
艾达·勒芙蕾丝

电流之争
爱迪生与特斯拉

作为宿敌，爱迪生与特斯拉是电学领域两位重量级
人物。他们之间有关未来能源
电光石火般的竞争，彻底改变了世界

劳拉·米尔斯

一条黑色大型纽芬兰犬被带上台时浑身发抖。它戴着口罩，四条腿前后拖着电极。笼门嘎吱一声关上，围观的人们在眼巴巴地看着。哈罗德·P.布朗把电线接上发电机，然后启动了开关。随着指示盘的转动，狗吼叫了一声便僵硬地挺在那里。布朗把直流电压增大到1000伏。再次接通电源，强大的电流瞬间穿过狗的身体，但这个可怜的家伙仍然活着。

"下面我们会让它感觉好受些。"布朗当众宣布，说着拿起电线，连接到大厅前面的另一台发电机上。这次输入的是300伏交流电。开关刚一打开，狗抽搐了一下便一命呜呼。"你们看，交流电只适用于犬舍、屠宰场和监狱。"他得意扬扬地宣称。

那一年是1888年，电流之争正在胶着地进行。这位美国发明家正试图向四座皆惊的观众证明些什么。美国需要电力，但如何供电，人们却莫衷一是。这场争端的风暴眼正是当时最伟大的两位发明家：力挺直流电的托马斯·爱迪生和主张交流电的塞尔维亚人尼古拉·特斯拉。

爱迪生是蜚声全美的发明家和企业家。他的职业生涯始于电业，他从一个卑微的电报员成长为备受尊敬的商用灯泡和留声机的发明者。他一丝不苟，有条不紊，有

▲ 科罗拉多州埃姆斯水电站的世界首台西屋交流发电机

着天生的商业头脑，其电灯公司为美国的千家万户送去了光明。

直流电（电流朝一个方向流动）是爱迪生商业帝国的根基。他的公司一直在努力推出发电机，为国家提供维持照明和播放音乐所需的电力。然而，尼古拉·特斯拉对此却不敢苟同。

这位塞尔维亚发明家于1884年来到美国，最初在爱迪生手下打工。他在爱迪生机械厂工作的周薪是当时令人垂涎的18美元。在发明大师爱迪生的指导下，他负责研发一种更好的远距离输电方式。

家用电灯供电大约需要100伏电压，所以爱迪生为供电用的是粗铜线，按固定电压输送。但是，电流通过电线时，会有一定量的损耗。这意味着为避免电力损耗，需在住宅附近安装许多小型发电机，显然这是一个成本高昂且不方便的解决方案。

鉴于此，灵光乍现的特斯拉提出在线路上使用交流电——并非单向流动，而是来回转向，每秒钟就会数次改变电流方向，进而产生不同的磁场，用于创建变压器。这些装置可视需要增高或降低电压。他认为，电力可以高电压进行长距离传输，输送至千家万户时再降低电压，而这在直流电输电情况下是无法做到的。

▲ 约1900年，托马斯·爱迪生在实验室里做实验。他以处理问题严谨细致而闻名遐迩

爱迪生对此不以为然。务实的他认为特斯拉是一个梦想家，一个"科学诗人"。他说："想法倒是很了不起，但不切实际。"

在爱迪生看来，交流电十分危险。它来回反复，能干扰心脏活动，而高压电线更是不可思议。此外，爱迪生是一位多产的发明家，仅在美国就有1000多项发明专利。倘若采用交流电，他的众多发明便会被束之高阁。自然，他给特斯拉的想法亮起了红灯。考虑到特斯拉的付出，爱迪生还给他每周加薪7美元。可是，他的这名学徒毅然决然地扬长而去。

特斯拉对爱迪生缺乏远见感到非常愤懑，于是，他开始单枪匹马地将自己的交流电发明推向全美。出师虽然顺利，但随后却遇到了瓶颈。由于捉襟见肘，他只好去做苦力，凭借挖沟每周赚得几美元的辛苦钱。最终，他筹集到了急需的资金，成立了特斯拉电气公司。

他的创新构想引起了富甲一方的铁路大亨乔治·威斯汀豪斯（George Westinghouse）的注意。在蓬勃发展的运输业务中赚得盆满钵满的威斯汀豪斯，业已准备好迎接全新的挑战，与美国新兴的电力巨头展开竞争似乎正当其时。此前他曾涉足交流电，特斯拉的发明无疑令人兴奋。

在可怜的纽芬兰犬被电死的前一年，特斯拉已经申请了7项专利来保护他的新发明。他设计出的完整电力系统，不仅可以发电，还可以增高或降低电压，实现远距离输电。他甚至还发明了可以在另一端使用的电机和电灯。

特斯拉并非商人，而是纯粹的发明家，但威斯汀豪斯与他的珠联璧合，恰似苹果公司联合创始人史蒂夫·乔布斯和史蒂夫·沃兹尼亚克（Steve Wozniak）的天造地设。威斯汀豪斯接受了特斯拉的想法，并将其转化为一个可以抗衡爱迪生公司的企业。特斯拉以6万美元的价格将其专利卖给了威斯汀豪斯，由此获得了1万美元现金、150股股票。双方达成协议：威斯汀豪斯每售出1马力的电，特斯拉就能赚2.5美元，而这只是刚刚开始。

▲ 世界首台西屋交流发电机，科罗拉多州埃姆斯水电站

于是，西屋①电气公司发电机开始走进全美各地，尤其是爱迪生公司的发电机缺位地区，在市中心挤占发电机市场，争抢客户。随着铜价飙升，爱迪生公司的业务受到严峻挑战，雪上加霜的是，他的发明遭到竞争对手剽窃。爱迪生愤怒地说："任何客户，只要安装上西屋公司的任何电力系统，不出半年必死无疑。"

1888年，爱迪生公司向媒体发出书面警告通稿，详述了交流电的危险。其合伙人哈罗德·P.布朗同步开始了可怕的动物触电展演活动。以电死纽芬兰犬为发端，他开始了在纽约市的巡回展演，当着记者的面电死流浪动物，厉声斥责交流电给公共安全造成的威胁。

威斯汀豪斯被彻底激怒了。他致信爱迪生，斥责其合伙人的行径。"我相信，有些人密谋作祟，挑拨爱迪生公司和西屋电气公司之间的关系，不遗余力地在拆我们的台。"特斯拉反戈一击，也公开亲自进行展演，在众目睽睽之下让25万伏的交流电穿过自己的身体。俗话说："电压只能伤人，而电机才能杀人。"虽然爱迪生对特斯拉的技术退避三舍，但特斯拉本人却成竹在胸。

双方关系不断恶化，竞争逐步升级。1889年，几名电工在带交流电的架线上作业时死亡，引发了公众对安装高压线路的普遍担忧，"电线恐慌"逐步扩散。这些死亡事件火上浇油，加剧了爱迪生对特斯拉技术安全性的谴责。在此之前，他一直躲在幕后，让布朗和爱迪生电灯公司出头与西屋电气公司分庭抗礼。但随着恐慌的加剧，爱迪生开始大声疾呼，将死亡之责完全归咎于对手。

此后的事态变得更糟。威廉·凯姆勒（William Kemmler）是一名来自纽约州水牛城的小贩。他酗酒成性，恃强凌弱，盛怒

---

① 西屋为威斯汀豪斯的意译。——译注

爱迪生千奇百怪的发明

托马斯·爱迪生是一位多产的发明家，在其名下千奇百怪的发明数以百计

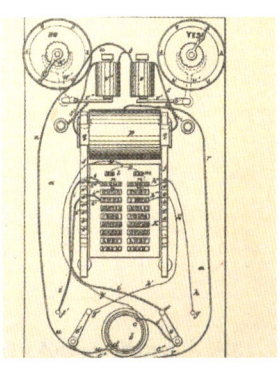

会说话的玩偶

这位发明家将他著名的留声机小型化，装进锡罐，放在玩偶里，制成音箱。据说音质很差，往往会把顾客吓一大跳。

计票器

这是爱迪生的第一项发明。选民们通过开关来进行投票。接通电流的机器能在表盘上显示"赞成"或"反对"。

显微影像

"窥视镜"将灯泡与照片组合在一起，通过显微镜观看运动图像。这个4英尺①高的装置一次只能由一人观看。

① 1英尺=0.3048米。

特斯拉稀奇古怪的创意

尼古拉·特斯拉是一位伟大的思想家，其思想远远超前于他的时代

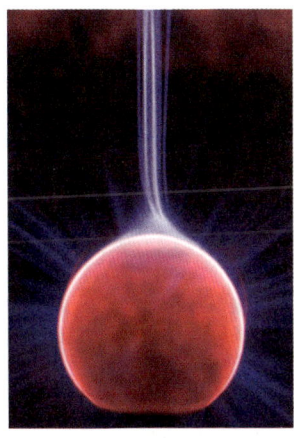

远程无线电源

特斯拉认为他可以从纽约州长岛的沃登科利夫大厦无线传输电力，然而由于囊中羞涩，这一项目被迫搁浅。

机器人

为节省劳力，特斯拉希望能制造出替代人类完成简单工作的机器人。他开发出一种遥控船，不过最后也是无果而终。

死亡射线

据说这位发明家曾设计出一种"死亡射线仪"，所产生的粒子束能击落飞机，不过有关设计文档始终未能找到。

之下用斧头把友人砍死。1890年，他大限已到。尽管爱迪生原则上反对死刑，但面对多次实施绞刑致死的做法，他还是提出了更为人道的建议。由于他对交流电的危险性非常确信，最终他提议使用西屋公司的发电机来行刑。

威斯汀豪斯强烈反对这一动议。他认为这种残忍毫无必要，指示律师为凯姆勒提起上诉，并为此斥资10万美元。"死刑电流"的污名他们不想背。爱迪生意欲置威斯汀豪斯于死地，声讨威斯汀豪斯将商业利益置于罪犯的权利之上，因为交流电才是快速有效送罪犯上路的方法。

爱迪生公司帮助布朗采购二手西屋电机来制造电椅，但行刑并未完全按计划进行。当凯姆勒被绑缚完毕后，1300伏高压

科学家的对决

**爱迪生和特斯拉并非势不两立的特例。
科学家之间的激烈竞争自古有之**

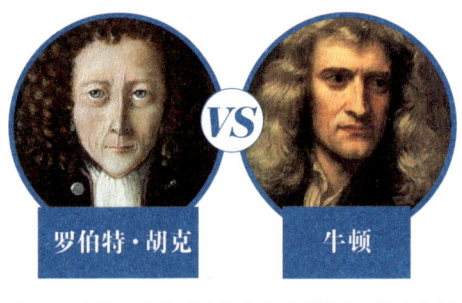

罗伯特·胡克 VS 牛顿

这两位科学巨匠的对抗发生在17世纪。胡克确信行星为太阳所吸引，但将万有引力的数学证明发表出来的却是牛顿。胡克也想分得一杯羹，但牛顿却嗤之以鼻。

弗朗西斯·克里克 VS 莫里斯·威尔金斯

美国科学家沃森和英国生物学家克里克是DNA结构的发现者，但基础工作却是由莫里斯·威尔金斯和罗莎琳德·富兰克林完成的。威尔金斯发现剑桥大学的两人正在使用在他实验室里拍摄的图像时，火冒三丈。

罗伯特·科赫 VS 路易·巴斯德

两位伟大的细菌学家都从事炭疽病研究。科赫是一名医生，巴斯德则是一名化学家。科赫不相信病原体可以被削弱，因此当巴斯德对此试图加以证明时，两人卷入了一场公开论战。

达尔文 VS 阿尔弗雷德·拉塞尔·华莱士

1858年，多年来一直致力于进化论研究的查尔斯·达尔文收到了同事阿尔弗雷德·拉塞尔·华莱士的一封信。这封改变了他一生的信也提出了同样的进化论想法。达尔文不得不争分夺秒抢先发表自己的研究成果。

▲ 1903年,大象"托普西"被交流电电死

旋即通过他的全身。电刑持续了17秒,但凯姆勒并没有呜呼哀哉。眼见他苏醒过来,衣服着起了火,围观人群一片哗然。电压随即升至2000伏,通电4分钟后,他才一命归西。这一场景令人毛骨悚然。

美国两大电力巨头之间的相互倾轧仍在继续,直到1893年,一个盛大的时刻彻底为这场较量画上了句号。但到彼时,爱迪生已经退出了这场内卷。接二连三的兼并使相互竞争的电力公司数量锐减,爱迪生公司被汤姆逊-休斯敦公司吞并,成立了新的通用电气公司。爱迪生的专利和他旷日持久的与对手的竞争也告一段落。由于他的缺席,一切都已盖棺定论。他的直流电帝国也就此悻悻落幕。

为纪念克里斯托弗·哥伦布抵达美洲400周年,哥伦布世界博览会被列入议事日程。这场活动预计将有2700万人参加,照明自然不可或缺。通用电气公司出价55.4万美元为博览会供电,但西屋公司承诺只需39.9万美元便可满足供电需求。此时,通用电气公司输电所用铜线堆积如山,而特斯拉的交流电却能让西屋公司以极低的成本供应同等的电力。

交流电在博览会上大放异彩。市场对交流电的需求急剧攀升。西屋公司获准利用尼亚加拉大瀑布湍急水流发电,最终连通用电气公司也改用了交流电。交直电流之争就此结束,特斯拉一方最终胜出。

人们往往把爱迪生说成是这场争端中

▲ 特斯拉的交流电照亮了1893年芝加哥哥伦布世界博览会

的反面人物,然而,置身其中的科学家们常常身不由己。他们只是想法不同,但真正可怕的冲突是乔治·威斯汀豪斯、哈罗德·P. 布朗和电力公司领导层所策动的商业利益之争。

后来,爱迪生有一次去听特斯拉的演讲。这位前学徒注意到爱迪生时,要求观众为爱迪生鼓掌。尽管他们之间存在分歧,但特斯拉还是对爱迪生敬佩有加。他说:"爱迪生给我带来的影响非同寻常。我目睹了这位训练有素的非凡之人如何单枪匹马成就了一切。"

爱迪生

特斯拉

直流电 | 交流电

2332项 专利 **278**项

商用灯泡

伟大发明

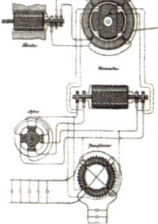
交流发电机

如果你想成功，就给自己树些敌人。

名言

如果仇恨可以转化成电流，它能照亮整个世界。

21岁
设计出计票器

首次发明

26岁
为旋转磁场绘制草图

如今，大多数电子设备都由其发现的直流电供电。

遗产

无线传输、机器人和雷达都源于特斯拉的创意。

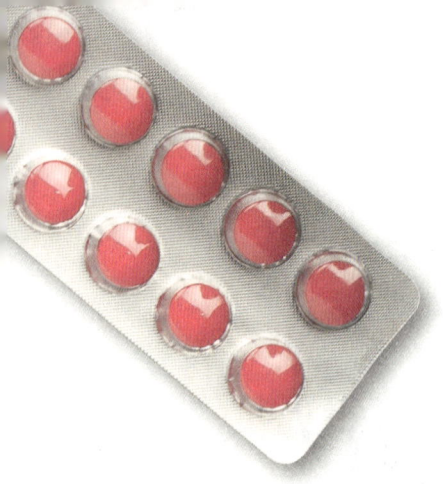

历史上的医学创举

从医学期刊到世界首例人类心脏移植手术，
让我们一起来探源史上伟大的医学创新之举

首例人类心脏移植

1967年，南非开普敦格鲁特·舒尔医院克里斯琴·巴纳德医生实施

尽管心脏移植最初在伦理上备受争议，但它彻底改变了严重心脏病患者的治疗方法

20世纪，器官移植手术取得了长足进步。到20世纪60年代末，肾脏、胰腺和肝脏移植手术相继获得成功，但直到1967年心脏移植手术才取得突破。

世界上首例成功的人体心脏移植手术是由外科医生克里斯琴·巴纳德（Christiaan Barnard）带领自己的医疗团队实施完成的。53岁的路易斯·沃什坎斯基（Louis Washkansky）因心脏衰竭病入膏肓，他接受了心脏移植手术。心脏捐献者是一名死于车祸的25岁女性丹尼斯·达沃尔（Denise Darvall）。

沃什坎斯基成为第一个在心脏移植手术后恢复意识的人，但不幸的是，18天后他便死于肺炎。接下来几年，心脏移植手术一直持续进行,但由于术后存活率较低,移植手术量逐渐减少。

1979年,心脏外科医生特伦斯·英格利希(Terence English)实施了英国首例心脏移植手术,术后效果喜人。免疫抑制剂环孢素的发现改变了心脏移植手术的历史,尽管这种药物有严重的副作用,但心脏移植手术的术后排斥反应因此得到抑制。

如今,心脏移植手术仍在不断推进。2014年,悉尼进行了世界上首例成人非搏动性心脏移植手术。这种移植技术的可行性,使可供移植的心脏数量变得更多。

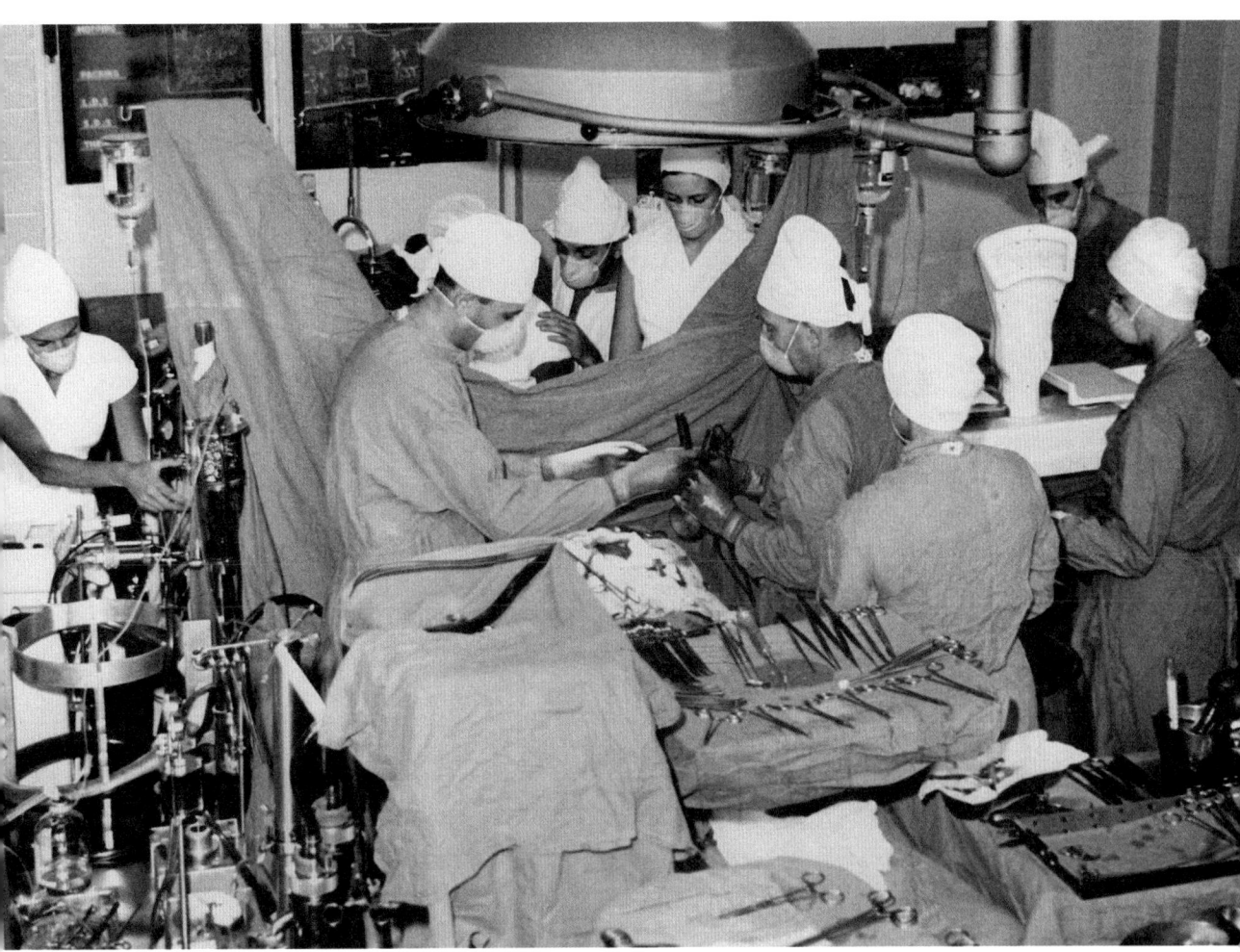

▲ 巴纳德医生团队在手术室给沃什坎斯基进行心脏移植手术

机动救护车

1899年，美国洛杉矶无名氏首创

20世纪初，机动救护车的发明革新了美国国内及国外战场上病患的转运工作

自18世纪起，马车便广泛用于急救，但直至1899年，第一辆机动救护车才正式投入使用。最初，芝加哥的迈克尔·里斯医院率先将机动车引入急救服务。翌年，纽约市也紧随其后，开始采用机动救护车作为运送病人的重要工具。

机动救护车因其卓越的转运效率和安全性而备受青睐。随着时间的推移，新型救护车逐步投入使用，如加拿大所采用的汽油驱动三轮帕里塞（Palliser）救护车，以及1905年为皇家陆军医疗队特制的救护车。时至1909年，机动救护车开始实现批量生产。第一次世界大战期间，救护车首次部署至战场，成功替代了传统的马拉救护车。随着战争的持续，救护车逐渐配备了更为丰富的医疗设备，还安装了双向无线电系统，用以优化无线电调度效率。

▲"一战"期间白金汉宫外的机动救护车车队

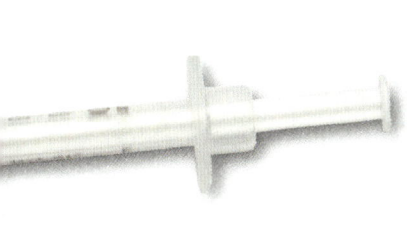

▲ 19世纪对心脏进行电击的早期电子医疗机器

除颤器

1930年，美国，威廉·库文霍芬发明

除颤器的发明对于挽救无数心脏骤停患者的生命至关重要

1899年，生理学专家让·路易·普雷沃斯特（Jean Louis Prévost）和弗雷德里克·巴特利（Frédéric Batelli）在瑞士首次提出除颤器概念。他们用狗做实验来验证他们的理论：微小的电击可以扰乱心律。在此过程中，他们还发现较大的电流可以逆转心律失常。

截至20世纪，除颤器这一概念已经深入人心。阿尔伯特·海曼（Albert Hyman）博士和亨利·海曼发明了海曼电击器。这种心脏刺激仪器是将一根绝缘导线通过一个中空管对心脏进行电击。

但是，我们今天所熟悉的除颤器是威廉·库文霍芬（William Kouwenhoven）于1930年发明的。库文霍芬是约翰·霍普金斯大学的工程学教授，其研究重点是电力对人体的影响。工作中，他对开发一种无需侵入性手术就能使心脏复苏的医疗器械产生了浓厚兴趣。

他第一次在动物身上的试验以失败告终，但他在狗身上继续进行试验。数年之后，他发现对患有心律失常的狗进行第二次对抗电震（countershock）后，狗的心律可以恢复正常。这次实验取得了成功，库文霍芬的发现改变了心脏病学历史。

1947年，除颤器首次在人体心脏上试用成功，当时采用的是开胸体内除颤。到20世纪50年代，体外除颤器的出现使电击可以通过胸腔传递到心脏。

医学杂志

1684年，英格兰托马斯·巴塞特首创

17世纪，受过大学培训的医生数量增加，医学著作从拉丁语转向英语，医学杂志应运而生

英国第一本综合性医学杂志《医学奇闻》（Medicina Curiosa）于1684年出版。尽管此前有一些探讨医学方面的出版物，但《医学奇闻》是医学方面的第一本专刊。托马斯·巴塞特（Thomas Basset）原本专门从事法律书籍的出版销售，他所出版的《医学奇闻》只发行了两期便停刊。

18世纪，第一批经过同行评审的医学期刊开始出版。1731年，《医学论文与观察》（Medical Essays And Observations）杂志在爱丁堡出版。1797年，美国出版了第一本医学期刊《医学资料库》（The Medical Repository）。

1823年，托马斯·瓦克利（Thomas Wakley）创办了世界上历史最悠久的综合性医学期刊之一、以一种外科手术器械命名的《柳叶刀》。他创办该期刊旨在为报道医院讲座和重要的医疗案例。到1830年，《柳叶刀》发行量达到4000份左右，在英国医疗改革中发挥了重要作用。《柳叶刀》至今仍在出版，甚至还拓展衍生出一系列的专业期刊，例如专注于神经病学和儿科等领域的期刊。

如今，医学类的期刊种类繁多，既有17、18世纪便出现的综合性刊物，也有20世纪创办的专业刊物。

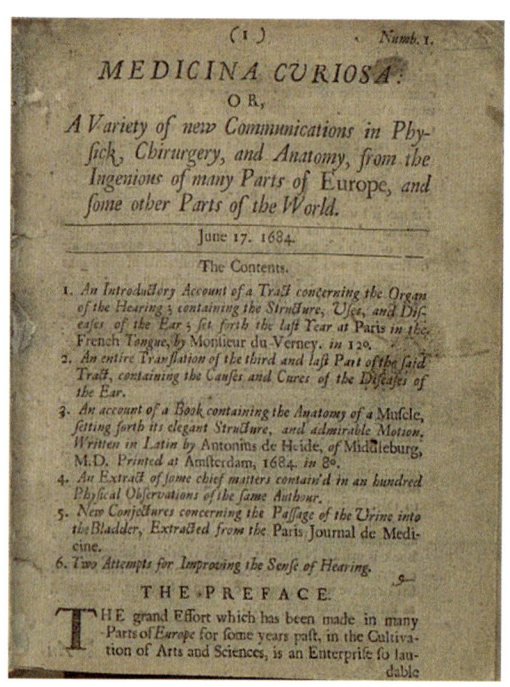

▲ 1684年6月的《医学奇闻》封面

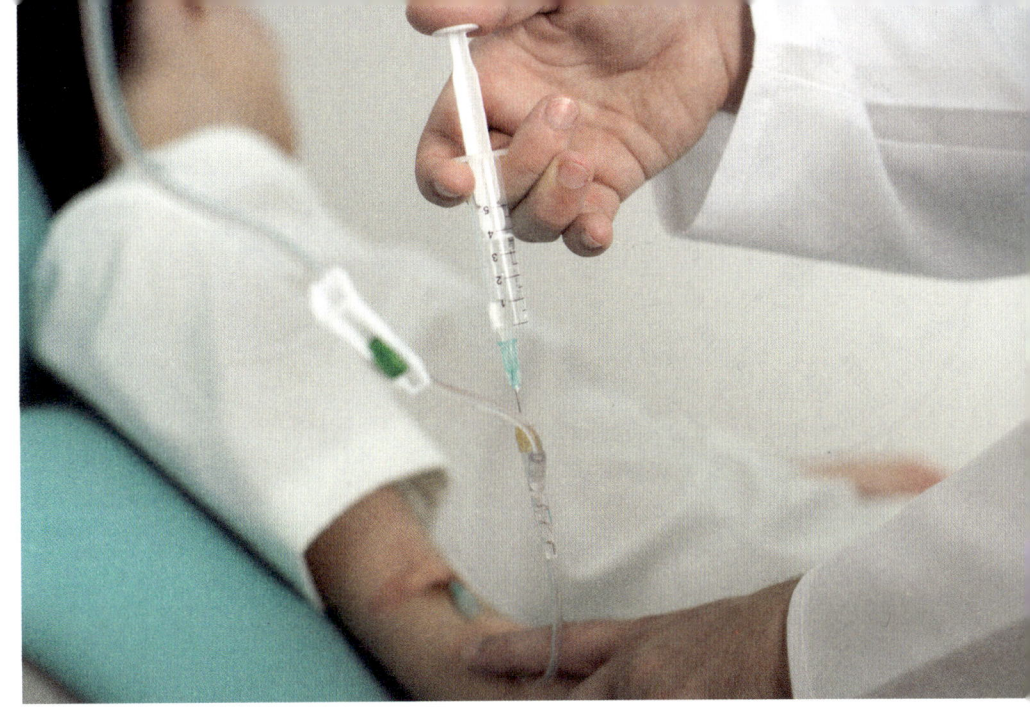

▲ 皮下注射针用途多样，包括直接向静脉注射药物和药液

静脉注射针/皮下注射针

1656年，英格兰克里斯托弗·雷恩爵士首创

皮下注射针快捷便利，至今仍然应用广泛

首次有记载的皮下注射针实验由克里斯托弗·雷恩（Christopher Wren）爵士进行。他用皮下注射针为狗进行了静脉注射。16世纪60年代，也曾有人尝试在人体上进行相似实验，但并未成功，最终只得放弃试验。

直到19世纪，人们才开始成功使用皮下注射针，注射器与之结合便可以为人体注射药物。1831年，托马斯·拉塔（Thomas Latta）医生在英国霍乱蔓延期间，率先使用皮下注射针头注射生理盐水。此外，亚历山大·伍德博士把针头和注射器的成功结合普及为大众可接受的一种医疗技术。

到20世纪20年代，大家发现利用针头为糖尿病患者注射胰岛素非常方便。50年代，人们对交叉感染的认知越来越多，80年代，艾滋病毒的流行也引发了人们的关注。在这种背景下，一次性皮下注射针应运而生。

现代医疗过程中，无论是静脉注射药物，还是抽取血液等液体样本进行医学测试，皮下注射针头每天都有人在用。专业人员可以用，病人自己可以用，那些每天都需要自行注射胰岛素的Ⅰ型糖尿病患者也经常在用。

▶ 威廉·莫顿首次公开演示作为手术麻醉剂的吸入式乙醚

麻醉外科手术

1842年，美国克劳福德·W.朗首创

麻醉技术使手术台上的病人免除痛苦

酒精和鸦片等镇静剂曾用来止痛，但到了19世纪，人们开始探索新的麻醉物质。1799年汉弗莱·戴维用一氧化二氮进行了实验，探索其在手术中的止痛效果。

然而，麻醉剂发展的贡献者并非全都大名鼎鼎。19世纪20年代，亨利·希尔·希克曼（Henry Hill Hickman）利用二氧化碳对动物进行了麻醉实验，但他的研究贻笑大方。与此同时，克劳福德·W.朗（Crawford W. Long）对乙醚产生了浓厚兴趣，1842年，他让一名患者吸入乙醚，对其进行麻醉后切除了病人颈部的肿瘤。后来他又使用乙醚作为全身麻醉剂，但是直到1849年他才发表了自己的研究成果，因此他在麻醉史上并不出名，为世人所遗忘。

威廉·莫顿（William Morton）在全身麻醉方面的贡献似乎最为人称道。1846年，他在马萨诸塞州总医院首次公开展示了乙醚作为手术全身麻醉剂的效果。这次演示非常成功，莫顿的贡献很快便家喻户晓。这也就是为什么比起克劳福德·W.朗，人们认为威廉·莫顿堪称麻醉先驱。

到1847年，氯仿被看作一种安全的麻醉剂，维多利亚女王分娩时便使用了这种麻醉剂。

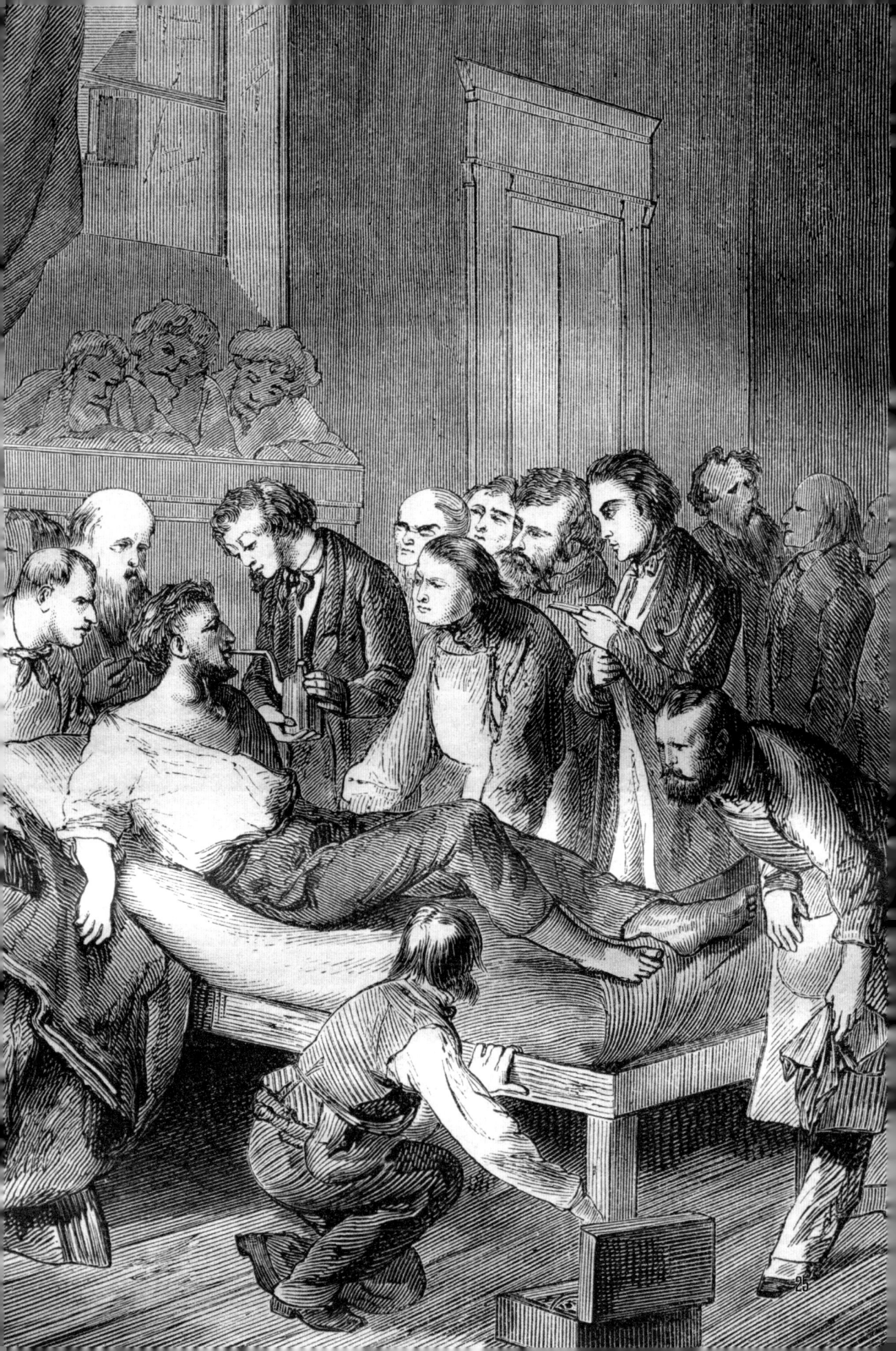

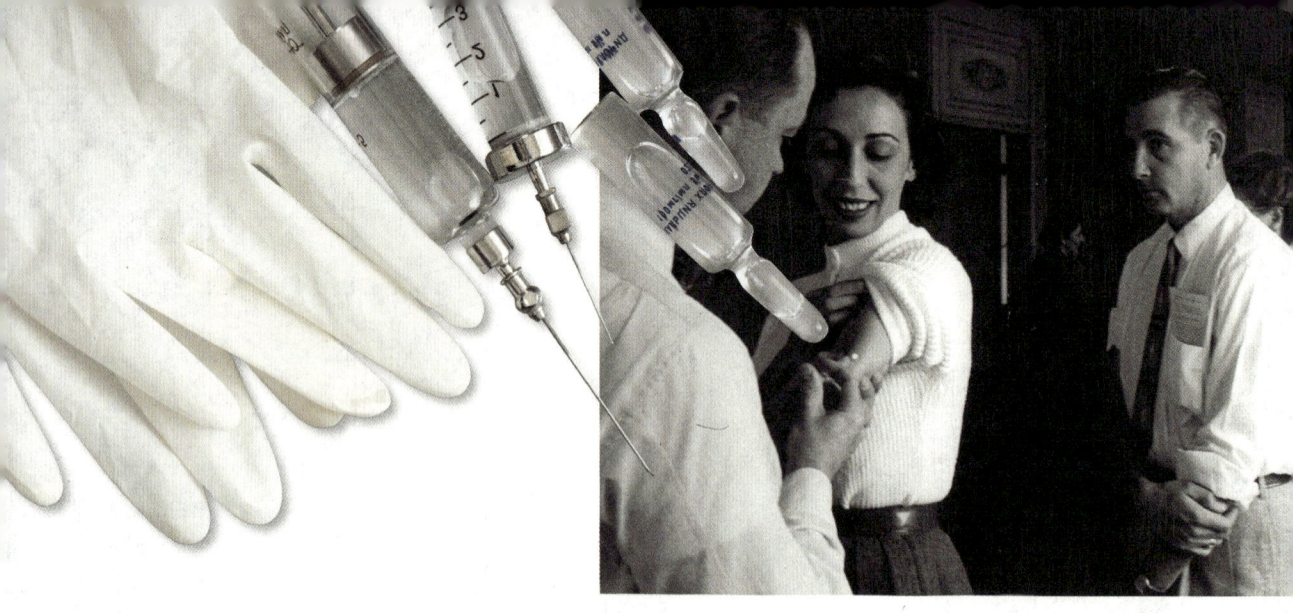

▲ 1957年,《丹佛邮报》对工作人员在工作场所排队等候接种流感疫苗进行了报道

疫苗接种项目

1796年,英格兰人爱德华·詹纳首次研发

尽管疫苗接种项目帮助消除了一些世界上最可怕的疾病,但争议犹存

虽然爱德华·詹纳不是首个疫苗接种项目的发起者,但他确实造出了第一支天花疫苗。没有他,就没有免疫接种这回事。由于疫苗接种在疾病预防方面切实有效,19世纪英国和世界其他地区相继推出了多个疫苗接种项目,重点便是儿童疫苗接种。

20世纪20年代,结核病、白喉、破伤风和百日咳疫苗首次得到广泛推广和应用。此举显著降低了这些疾病的致死人数。20世纪50年代,小儿麻痹症疫苗研制成功,得益于疫苗接种项目,该病几乎根除殆尽。

1974年,世界卫生组织制定了扩大免疫规划(EPI),目的是让全世界所有儿童都能接种疫苗。10年后,世卫组织还为某些疫苗制定了标准化接种时间表。到1980年,世卫组织宣布世界上最致命的疾病之一——天花已被根除。

如今,新的疫苗接种项目仍在不断推出,例如用于保护少女免受宫颈癌侵害的人乳头瘤病毒疫苗。尽管这些疫苗接种项目在预防疾病方面取得了显著成效,但人们对它们的实施依然莫衷一是。回顾历史,当詹纳首次公布他研发出的疫苗时,便有人基于动物权益的考量对此表示反对。过去百年间,公众对于疫苗接种的关切主要集中在潜在的过敏反应上,以及疫苗接种可能诱发严重疾病甚至自闭症的担忧,尽管科学研究已明确表明疫苗接种与自闭症之间并无直接关联。

临床试验

1747年，詹姆斯·林德在英国皇家海军"索尔兹伯里号"上首创

因为临床试验，我们才能确定新型、安全、有效的医疗策略、治疗方法和医疗设备来应对各类疾病

鉴于坏血病对英国水手健康造成的严重威胁，詹姆斯·林德（James Lind）采取了对照试验的科学方法，探究在饮食中增加酸性物质是否能改善人的健康状况。实验在一艘已经航行了两个月且船员普遍罹患坏血病的船只上进行。林德精心选取了12名水手，两人一对，共计6组，以进行系统的对比研究。

每组的饮食相同，但林德为每组引入了不同的酸性补充剂：第一组每天喝一夸脱[①]苹果酒；第二组每天滴灌25滴矾；第三组每天喝6勺醋；第四组每天喝半品脱[②]海水；第五组每天吃两个橘子和一个柠檬；第六组每天吃一种用一杯大麦水冲服的辛辣糊状物。

第五组因为水果供应不足，提前终止试验。但是他们的坏血病已经基本痊愈。第一组是其他组中唯一有好转迹象的一组。林德本着一致性原则，挑选的12名患者的状况尽可能一样。由于他对细节的关注，人们认为该试验是有史以来最早的临床试验之一。

18世纪和19世纪的其他医生也进行了相关的临床试验，而罗纳德·A.费舍尔（Ronald A. Fisher）和奥斯汀·布拉德福德·希尔（Austin Bradford Hill）等人则成为20世纪临床试验的先驱。

▲ 人们认为林德是进行现代对照临床试验的第一人

---

① 1英制夸脱≈1136毫升。

② 1英制品脱≈568.26毫升。

玛丽·居里是首位两次荣获诺贝尔奖的女性

玛丽不知疲倦地钻研物理和数学。

放射性物质研究先驱

居里夫人

作为核物理和化学事业的先驱，居里夫人在医学等许多领域做出了巨大贡献

她是"放射性"一词的首创者，也是首位诺贝尔奖女性获得者，后因发现元素钋和镭再度获此殊荣。

玛丽·居里长期在放射性领域从事研究，发现了镭和钋这两种新元素。她将自己的知识应用到医学科学领域，利用具有诊断功能的X射线的特性救治患者，为癌症治疗和早期筛查开拓了新路。她取得的成就非同凡响，更值得注意的是，在一个完全由男性主导的研究领域，这位女性的聪明才智和科学能力堪称无与伦比。

玛丽亚·萨洛米亚·斯克沃多夫斯卡（Maria Salomea Sklodowska）生于华沙。她是家里5个孩子中最小的一个。父亲乌拉狄斯拉夫（Wladyslaw）和母亲布罗尼斯洛娃·柏古斯卡·斯克洛多斯基（Bronislawa Boguska Sklodowski）都是著名的教育家，对学术追求很高。玛丽亚的母亲在她10岁那年死于肺结核。波兰民族主义是玛丽亚家庭世界观的重要组成部分。她的父母一直支持波兰民族复兴爱国运动和起义，也因此散尽了家财，导致他们在经济上举步维艰。玛丽亚最初在当地学校接受教育，她的父亲是一名数学和物理教师，她因此获得了额外的学习机会，特别是在俄国当局限制学校实验室教学之后，父亲把设备带回家继续给孩子们讲课。

玛丽亚天赋异禀，中学时成绩十分优异。但那时候的波兰，不准女孩报考大学。于是，玛丽亚和姐姐布罗尼斯洛娃一起进入了一所秘密开设的"飞行"大学，这所学校避开俄国政府的监视，是波兰民族主义理想的拥趸。对于生活在西欧的女性来说，拥有高等教育背景对未来的发展更为有利，于是玛丽亚向姐姐提议：自己先帮助姐姐拿到学位，然后姐姐再回头帮助自己。此后5年，玛丽亚当上了家庭教师，还谈起了恋爱，但由于男方是父亲家族的远亲，这段恋情遭到了家人的强烈反对，玛丽亚的爱情碎了一地。

1891年，玛丽亚来到法国，在巴黎与

▲ 在实验室里的玛丽·居里。摄于1900年前后

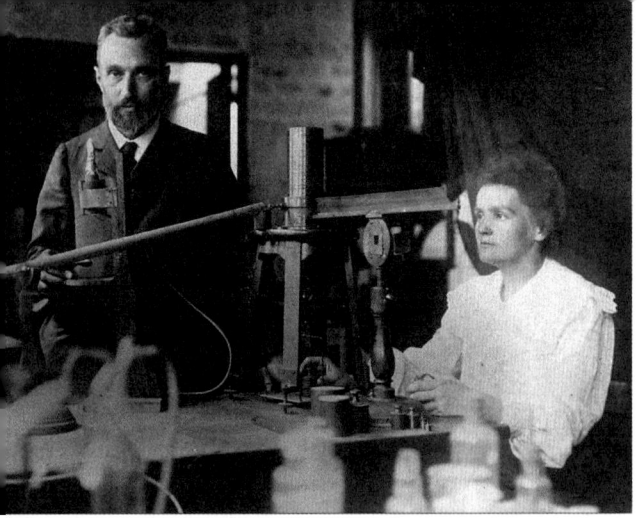

▲ 实验室里的居里夫妇，他们因科学成就而闻名于世

姐姐和姐夫团聚。在这里人人都叫她玛丽。就读索邦大学的她得以结识许多卓有建树的物理学家和化学家。在他们的激励下，玛丽不知疲倦地钻研物理和数学，还在未来的诺贝尔奖得主、物理学家和发明家加布里埃尔·李普曼（Gabriel Lippmann）的实验室里当助手。长期呕心沥血的工作让玛丽付出了健康的代价，因为她平时只吃涂着黄油的面包，喝的只有茶。但是短短3年之内，她就实现了自己的目标。

1894年，玛丽参与了法兰西共和国国家实业促进委员会提出的关于各种钢铁的磁性科研项目。据传当时玛丽需要一个实验室进行研究，物理学家约瑟夫·维勒斯·科瓦尔斯基（Józef Wierusz-Kowalski）向她介绍了皮埃尔·居里（Pierre Curie）。皮埃尔在住所腾出些空间让玛丽进行实验，两人顺理成章地坠入爱河。那年夏天，玛丽回到波兰看望家人，希望能在雅盖隆大学谋个职位，却再次遭到了性别歧视。在皮埃尔的说服下，她回到了巴黎。1895年7月26日，两人结为伉俪，这也是一段取得了巨大成就的科学合作伙伴关系。

在那个科学高速发展的黄金时代，玛丽找到了一个值得深入研究的课题并发表了相关论文。1895年，德国工程师兼物理学家威廉·伦琴（Wilhelm Röntgen）发现了X射线，次年，法国物理学家亨利·贝克勒尔（Henri Becquerel）在研究铀元素时发现了类似射线的放射性物质。这使居里夫人产生了极大的兴趣。这种与众不同的射线并不依赖于外部能量，却能从铀元素中自动产生。

玛丽利用皮埃尔兄弟15年前研制的光谱仪，确定射线的强度完全取决于物质中的铀含量，而与铀存在的状态以及外界条件无关。玛丽由此得出结论，这些放射性能量是铀原子结构的产物，而不是分子之间相互作用的结果，这一发现为原子物理学的发展奠定了基础。

玛丽将这种新发现的能量命名为"放射性"，并开始研究其他表现出类似特性的

▲ 居里夫妇与生于1902年的长女伊雷娜在一起。次女伊芙生于1904年

矿物质。她发现沥青铀矿，也就是现在所说的铀矿，是理想的研究对象。皮埃尔暂停了其他项目的研究，和玛丽一道展开对于放射性的研究工作。1898年夏，居里夫妇发现了一种新元素，为纪念自己的祖国波兰，玛丽将其命名为钋（polonium）。几个月以后，他们发现了另一种元素，并称之为镭。皮埃尔专注研究放射性元素的物理性质，而玛丽则努力分离出游离态的镭。

与此同时，居里夫妇和贝克勒尔于1903年12月共同获得诺贝尔物理学奖，颁发此奖项是为表彰他们对贝克勒尔发现的"放射性现象"的集体研究成果。虽然诺奖的最初提名仅有皮埃尔·居里和贝克勒尔二人，但皮埃尔对瑞典皇家科学院提出了抗议，后来玛丽也被纳入了提名人选，成为第一位获得诺贝尔奖的女性。同年，居里夫妇还获得了由英国皇家学会颁发的著名的戴维奖章。1906年，皮埃尔在巴黎街头的一场事故中丧生。玛丽悲痛欲绝，但她决心加倍努力开展研究，接替已故的丈夫成为巴黎大学物理系教授。4年后，她成功分离出游离态的镭。虽然在法国排外运动期间，玛丽因为种种原因而麻烦不断，比如她因为外国人的身份而遭到排挤；右翼强烈谴责其无神论的观点；当时反犹主义浪潮高涨，玛丽还被怀疑有犹太血统，但没人能够否认她对科学做出的巨大贡献。1911年，居里夫人因发现钋和镭元素以及分离出游离态的镭而获得诺贝尔化学奖。

作为首位两次在两个不同科学领域里

皮埃尔·居里不幸遇难

皮埃尔既是玛丽的丈夫，也是和她并肩作战的同事

1906年4月19日，雨中巴黎。皮埃尔·居里刚刚与几位教授用完午餐，正准备步行去附近赴约。他本打算迅速穿过奥古斯都广场和新桥附近多芬街的十字路口，这里据称是巴黎城内最危险的十字路口之一。以往总有两名警察在这个事故多发的十字路口指挥交通，然而唯独这天不知所踪。这场悲剧性的事故不可避免地发生了。一辆马车从这位物理学家身上碾过，皮埃尔被卷进车轮底下，头骨破裂，很快便气绝身亡。

居里夫人获悉丈夫因车祸离世的消息后心碎不已，但她仍然努力让自己保持镇静。有人认为这次事故也是因为皮埃尔自己粗心大意，匆匆忙忙没有看路。据实验室助理回忆，皮埃尔在走路和骑自行车时经常注意力不集中，"……总在思考着什么"。

▲ 皮埃尔·居里对放射性物质的早期研究功不可没

▲ 1911年在布鲁塞尔召开的国际物理学会议。这场会议是有史以来最著名的科学家聚会

获得诺奖的科学家，居里夫人声名鹊起。正是因为居里夫人的声望如日中天，1914年，法国政府拨款在巴黎大学建造了一个镭学研究所，该研究所迄今仍是医学、化学和物理领域的领军研究机构。第一次世界大战爆发后，居里夫人致力于利用汽车底盘改造出能够灵活移动和使用的X射线设备，最终凑到了20辆这样的"辐射车"。在女儿伊雷娜（Irène）的帮助下，"辐射车"挽救了战场上的许多生命，士兵们还戏称"辐射车"为"小居里"。

战后，居里夫人继续对放射性材料和化学元素的研究。1921年，她前往美国为镭学研究所筹集资金。居里夫人抵达纽约后备受欢迎，参加了安德鲁·卡内基（Andrew Carnegie）夫人的家宴，还出席在华尔道夫酒店和卡内基音乐厅举行的招待会。在华盛顿特区，美国总统沃伦·哈丁送给居里夫人一克镭，称赞她"才智超群，在科学领域取得了巨大成就"。

居里夫人发表系列演讲，进而成为国际联盟科学合作委员会委员。她还为丈夫皮埃尔·居里撰写了一本传记。1925年她回到祖国，协助华沙建立镭研究所。1929年，她再次前往美国筹集资金为新研究所置办设备。1932年研究所成立后，第一任所长由居里夫人的姐姐布罗尼斯洛娃担任。在20世纪30年代粒子加速器研发之前，长期以来，原子研究取决于能否得到足够的放射性材料。居里夫人正是预见到这一点，才认为储备足够的放射性材料是重中之重。在其指导下，伊雷娜和丈夫弗雷德里克·约里奥-居里（Frédéric Joliot-Curie）发现了人工放射性物质。

可是，实验室工作也让居里夫人付出了代价。多年来长期接触放射性物质对居里夫人的健康造成了损害。当时，人们对辐射暴露的危害知之甚少，她不仅将含有放射性物质的试管放进衣服口袋，还会直接放在抽屉里。据说她曾经提到过实验用的试管会发出荧光，但从未意识到放射性潜在的致命性。第一次世界大战期间，居里夫人在操作X射线设备时也没有任何防护，完全暴露在辐射中。

早在1912年，居里夫人就曾因患抑郁症而暂时丧失了行动能力，还做过肾脏手术。由于长期接触放射性物质，居里夫人罹患白血病，1934年7月4日在巴黎逝世，享年66岁，去世后与丈夫合葬。

居里夫人是物理和化学领域的杰出人物。她取得了众多开创性成就，赋予后世无数女性以戮力前行的力量。

女儿的贡献
长女继承了居里夫妇的遗志

伊雷娜·约里奥-居里是居里夫妇的长女，也是一位杰出的科学家。她和丈夫弗雷德里克·约里奥-居里一起研究原子的性质，1935年，夫妻俩共获诺贝尔化学奖。

这对夫妇最伟大的发现是如果把性质稳定的化学材料直接暴露在辐射中，那么材料本身也会具有放射性。他们用阿尔法粒子（即氦原子核）轰击铝箔，发现当移去α源后，铝箔有放射性，因为铝原子已经转化为磷的同位素。人工放射性物质的发现为进一步研究放射化学和同位素在医学治疗中的应用提供了催化剂，并在很大程度上取代了从矿石中提取放射性同位素的制备过程，后者造价十分昂贵。伊雷娜和弗雷德里克的研究也推动了核裂变的发现。

几年后，伊雷娜担任巴黎镭研究所的主任，两人都是法国原子能委员会的理事。由于缺乏防护，长期接触放射性物质，1956年伊雷娜死于白血病。

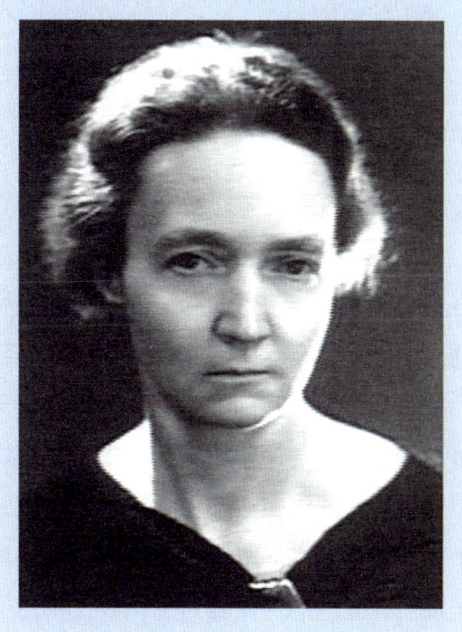

杰出物理学家

牛 顿

现代物理学之父，有史以来最有影响力的科学家之一

英国著名物理学家艾萨克·牛顿爵士奠定了现代经典力学的基础，其核心概念就是对万有引力的阐述。他还诠释了3个运动定律，将其纳入牛顿力学体系。在此基础上，牛顿得以证明天体运动由一套普遍定律决定，进而从根本上让科学界不再纠结于日心说（即太阳处于整个宇宙的中心），为200多年后爱因斯坦提出开创性的广义相对论和狭义相对论奠定了基础。

1661年，牛顿进入剑桥三一学院学习，当时学校大部分科学和数学学科仍以亚里士多德的学说为基础展开教学。然而，牛顿广泛涉猎了许多现代思想家的观点，剑桥三一学院也逐渐引入了笛卡尔、开普勒和伽利略的思想。1665年牛顿毕业，在接下来的两年里对微积分、光学和万有引力理论作出了阐释。

在这之后，牛顿对光学产生了更大的兴趣。1670—1672年，牛顿负责讲授光

牛顿应邀成为英国皇家学会会员。

学。正是在这一时期，他发明了牛顿望远镜这一世界上首个功能反射望远镜。牛顿将这架望远镜赠送给英国皇家学会，同时还提交了其对光折射的研究论文。此后的30年间，牛顿继续对光的性质展开大量研究，最终于1704年出版了专著《光学》。

1687年，牛顿出版了开创性的著作《自然哲学的数学原理》，书中概述了牛顿运动定律和万有引力定律，并对开普勒行星运动定律作出推导。天赋初现的牛顿由于这部影响深远的专著大获成功，在科学界彻底站稳了脚跟。牛顿不仅深得英国皇家学会的赏识，而且还被英国安妮女王封为爵士，成为第二位荣膺爵士头衔的科学家。包括埃德蒙·哈雷（Edmond Halley）在内的一批牛顿的狂热崇拜者也成为他的拥趸。

牛顿继续在数学、天文学和光学方面的研究，同时担任了英国皇家造币厂督办，后又被任命为造币厂厂长。1703年，牛顿当选为英国皇家学会会长和法国科学院会员。

时间轴

1643年
1月4日，艾萨克·牛顿生于英国林肯郡。

1655年
12—17岁就读于国王中学。

1661年
就读于剑桥三一学院，4年后获得数学专业学士学位。

1670年
由于在剑桥大学讲授光学和天文学，牛顿对这两门学科兴趣渐浓。

1672年
牛顿发明了著名的反射望远镜，将其赠送给英国皇家学会。

了解艾萨克·牛顿

你必须知道的关于这位启蒙运动时期英国伟大科学家的5件事

1. 尽管牛顿在科学上成就斐然,但他研究更多的是《圣经》诠释学和神秘学,而不是科学。他虽然不是正统的基督徒,但终身信奉基督教。

2. 牛顿是历史上第二位被授予爵士的科学家,授爵时间为1705年,盾徽上有两根交叉胫骨的图案。

3. 1696年货币重铸(Great Recoinage)期间,牛顿曾任英国皇家造币厂督办。任职期间,牛顿以伪造货币罪名起诉了28名造假者。

4. 1704年,牛顿试图从《圣经》中获取科学信息。根据从宗教文本中摘取的内容,他预测世界末日不会早于2060年到来。

5. 1727年牛顿去世。人们在其身后发现,其头发含汞量极高,说明他生前罹患汞中毒症。

1687年
经过多年对引力和行星运动的研究,牛顿出版了《自然哲学的数学原理》。

1704年
牛顿出版《光学》,书中说明了如何利用棱镜方案进行扩束设计。

1705年
由于科学成就显著,身为英国皇家造币厂厂长的牛顿受封爵士。

1724年
由于年龄渐长,健康每况愈下,牛顿和他的侄女夫妇搬到了英国温彻斯特附近的克兰伯里公园(Cranbury Park)。

1727年
3月31日,牛顿在睡梦中溘然长逝,享年84岁。

给重力下定义的人

伽利略

作为现代科学之父和史上最有影响力的人物之一，
伽利略为后世天文学家的研究奠定了坚实基础

倘若你生活在16世纪末和17世纪初，哪怕不能完全颠覆，伽利略也一定会挑战你看待世界的方式。他对运动学、材料强度和当时科学方法本质的研究为未来几个世纪的科学研究奠定了基础。伽利略最著名的成就是倡导日心说。面对迫害和反对，他依然笃定坚持自己的信念，致使科学界不得不重新审视他的信仰。

伽利略生于1564年，当时的社会对他的事业既是一种福音，也是一种阻碍。一方面，当时尼古拉·哥白尼和列奥纳多·达·芬奇等文艺复兴时期的天才业已证明科学定义在不断扩展。意大利是艺术家、探险家、数学家、作家、发明家云集的中心。在这里，思想以前所未有的速度自由传播，新概念不断脱胎于古老的信仰，动摇了数百年来从未遭受过挑战的理论。

另一方面，生活在意大利比萨的伽利略一直在坚韧不拔地抗争着。当时，罗马教廷的政治权力仍然非常强大，宗教审查制度盛行。伽利略与梵蒂冈的不睦贯穿于他生命的最后几十年，致使其一连串有关恒星的发现被迫夭折。

1588年，24岁的伽利略已然成为意大利著名的数学家，在佛罗伦萨学院演讲时，他阐释了有关重量和重心位置的理论。1589年，比萨大学注意到了这位数学家，

任命他为数学系主任。正是在比萨,伽利略在斜塔上进行了实验,把质量不等的小球抛下,证明了物体下落的速度与其重量并不成正比。亚里士多德提出的理论由来已久,但伽利略却对其展开了猛烈抨击。1592年,被解职的伽利略得到了个人发展的新机遇,前往威尼斯共和国担任帕多瓦大学的数学系主任。在帕多瓦大学任教期间,伽利略对科学研究做出了许多贡献,掀起了一场天文学革命。

提到伽利略,人们还经常联想到望远镜,认为这是他的发明,但事实并非如此。实际上,发明望远镜的时间是1608年,发明的国家是荷兰。该发明无论是对伽利略的职业生涯还是对整个科学的发展都是一个分水岭。伽利略研究出了如何通过打磨透镜大幅提高其放大率。1609年8月,他向威尼斯参议院展示了其改进后的望远镜设计。

众人对伽利略的改进设计印象深刻,他的薪水也因此翻了一番。帕多瓦大学还聘其为终身教授。这项发明同时也是伽利略一生的代表作。

透过能将天空放大20倍的望远镜,伽利略得以观察到人类从未观察过的天体,比如月球。他发现月球表面为陨石坑所覆盖,并非完全光滑。他还发现4颗绕木星运行的卫星,这与当时亚里士多德的思想背道而驰。亚里士多德认为地球是一个不完美的、有生灭的天体,周围是不可改变的空间。而伽利略则认为,太阳是宇宙的中心,月球和其他行星实际上围绕着太阳旋转,并且在宇宙中有不止一个运动中心。

伽利略对哥白尼日心说的支持极具革命性,因此不再受到梵蒂冈的推崇。罗马教廷对伽利略判处终身软禁。鉴于异端者通常被判处酷刑、监禁或死刑,终身软禁对他已经算是相对宽松的惩罚。而伽利略仍秘密地继续他的研究,甚至将一本总结其研究成果的重要著作《两门新科学的对话》偷偷送出。1642年伽利略逝世前,这本著作在荷兰得以出版。

时间轴

1564年
2月15日,伽利略生于意大利比萨。

1581年
伽利略在比萨大学学习医学,但后来转学数学和哲学。

1588年
申请博洛尼亚大学数学教授职位,但没能成功。

1592年
在资助人帮助下,伽利略来到帕多瓦大学任教,担任数学教授。

1609年
比萨斜塔实验后,伽利略继续研究运动学,探究物体自由下落的规律。

1609年
伽利略改进了望远镜,从威尼斯参议院获得了数额可观的奖励。

▶ 除木星的 4 颗卫星，伽利略还发现了月球诸多表面特征和金星相位

关于伽利略的五大事实

1. 17 世纪，教会严禁出版伽利略的大部分作品，直至 1718 年才批准再版。

2. 除了物镜和温度计，伽利略还发明了罗盘、显微镜和摆式脉搏计，在科学技术方面做出了巨大贡献。

3. 1638 年，晚年的伽利略失明。然而，即便在风烛残年，他也从未放弃过科学研究。他的学生成为其晚年的工作助手，直到他离开人世。

4. 伽利略有时也并非完全正确，比如说他反对开普勒提出的地球潮汐由月球引起的理论。伽利略认为，潮汐的产生系地球自转和绕太阳公转所致。

5. 伽利略观测发现了木卫一艾奥、木卫二欧罗巴、木卫三盖尼米得和木卫四卡利斯托。他以资助人科西莫二世·德·美第奇的名字将木星的卫星命名为"美第奇星"。这些卫星后来被称为伽利略卫星。

1610 年
最著名的发现之一——伽利略卫星。

1613 年
发表关于太阳黑子的论文《关于太阳黑子及其属性的历史和证明》。

1623 年
伽利略出版《试金者》一书，提出有关物理现实和科学革命的观点。

1632 年
因出版《关于托勒密和哥白尼两大世界体系的对话》而与教会产生冲突。

1633 年
专门委员会对伽利略进行审查后，判处其异端罪和终身监禁。

1642 年
在生命的最后岁月，伽利略总结了自己一生的研究成果，在去世前将其和盘传授给自己的学生。

艺术家、发明家和哲学家
列奥纳多·达·芬奇

人们认为达·芬奇是有史以来最博学之人

德里克·威尔逊

达·芬奇的父亲是一名衣食无忧的公证员，母亲是一个村姑，达·芬奇是他们的私生子，所以出身算不上光彩。其实"达·芬奇"是他出生地的名字，那是一座低矮围墙环绕的美丽山顶小镇，距离佛罗伦萨约42千米。达·芬奇童年的大部分时间都是在这里度过的。孩提时代，达·芬奇的非凡才能就得到了父亲的认可。他对所有事物都很着迷，手里经常拿着木炭或画笔，总是情不自禁地详细记录着花、鸟、动物、人脸——凡是能吸引他注意的东西都要画下来。正是这种对大自然的痴迷和兴趣，解释了达·芬奇生活中一个显而易见的悖论：他身后留下了大量绘画、素描、分析、笔记和速写作品，但大部分都未完成终稿。他的思维如蝴蝶般跳跃，总是以敏锐的观察力从一个主题飘到另一个主题，致使他的作品总是无法进行到最后一步。

1467年，父亲皮耶罗·达·芬奇意识到儿子的绘画天赋，把他送到佛罗伦萨伟大艺术家韦罗基奥（Verrocchio）的作坊做学徒。韦罗基奥得到了佛罗伦萨美第奇统治者和其他公民的资助，创作了大量的绘画作品和大理石及青铜雕像。这位大师认为专业化是未来的趋势，希望几个学徒在不同的艺术分支上都能精进自己的素养。事实上，当时的"艺术"与我们今天所说

▲ 虽然达·芬奇的传世之作很少，但其素描和各类手稿至今仍是许多艺术家灵感之源

的"科学"和"技术"并不能截然分开。因此，在大师的激励下，达·芬奇不断努力，探索鸟类飞行、水流运动抑或是数学知识。艺术史学家乔尔乔·瓦萨里（Giorgio Vasari）称达·芬奇是一位"现代主义者"，一位能"以假乱真地摹仿自然所有细节"的画家。从达·芬奇的早期画作《圣母领报》（约1472年）就可以看出，尽管受到老师的影响，他创作的是一幅传统宗教作品，但还是情不自禁地在绘画过程中将天使置于花朵之上。这种对自然的观察与热爱是达·芬奇与一些荷兰当代艺术家所共有的特质。

但是，将这些艺术家与达·芬奇这位奇才进行比较有失公允。达·芬奇从一开始就是一位哲学艺术家。他博览群书，一旦写作起来就不能自拔。笔记本和草纸上画满了草图和观察结果，左撇子的他终其一生均以镜像写字。达·芬奇把科学变成了一门艺术，也让艺术成为一门科学。他在安东尼奥·德尔·波拉约洛（Antonio del Pollaiolo）的指导下学习解剖学，波拉约洛是第一个解剖人体的佛罗伦萨人（教会反对人体解剖）。后来，他继续研究人体解剖，还计划写一篇关于解剖学的论文。看过他解剖手稿的人把他的研究描述为一种人体的演示："不仅有身体的局部，还有肌肉、神经、静脉、关节、肠道以及男性和女性身体上的所有细节，这是其他人从未涉足过的领域。"

令人遗憾的是，这项研究成果没能保存下来。科学的观察、测量和记录自然成了达·芬奇想象力的起点。比如说，他预估人类没有理由不能飞上天空，于是绘制出了飞行器。

或许正是因为达·芬奇的不可捉摸与特立独行，1483年他不得不离开佛罗伦萨。众所周知，他让一些客户对其大失所望。然而，"伟大的艺术赞助人"洛伦佐·德·美第奇认识到了这位年轻人的价值，向其鉴赏家朋友、米兰摄政王卢多维科·斯福尔扎（Ludovico Sforza）推荐了达·芬奇。卢多维科踌躇满志，不仅要让米兰更加强大和安全，而且还要把它建设成一个可以与佛罗伦萨和威尼斯相匹敌的文化之都。可是，他的政治野心以失败告终。1483—

▲《岩间圣母》在创作之初计划包罗50多个人物和建筑的细节,而非达·芬奇和德·普雷迪斯(de Predis)兄弟最终完成的画作那样融入了奇异的景观

1499年,卢多维科雇用达·芬奇设计了多个项目——从供宫廷贵族娱乐的花车到米兰大教堂的穹顶设计,再到卢多维科父亲战马的巨大青铜雕像。可无论是教堂穹顶的设计图纸还是青铜雕像最终都没有交付,原因无外乎是达·芬奇古怪的工作习惯,抑或是因为卢多维科被褫夺了公爵的爵位。

正是在米兰,达·芬奇创作出了自己最负盛名的画作。他到米兰后不久,就和3名助手一起为米兰的圣方济各教堂绘制装饰画。委托方要求达·芬奇创作一幅关于圣母子与天使的画作,存放于无玷受孕

《蒙娜丽莎》的朦胧色调是基于一种艺术绘画技法,人称"晕涂法"(sfumato)

▲《最后的晚餐》不仅激发了艺术家的想象力,也被视为宗教阴谋论的原型

协会的礼拜堂中。这项工作因与客户关系不和以及米兰战争而屡遭阻碍,最终耗时25年才得以完成(这时已有两个版本的画作)。不管修士们是否认为这个结果值得等待,不可否认的是这是有史以来最杰出的宗教画作之一。画面的构思无不体现着新意,构图和笔触都令人称奇。后人称之为《岩间圣母》,玛利亚位于画面中央,她右手扶婴孩施洗约翰,左手下坐婴孩耶稣,一天使在耶稣身后陪伴,背景则是一片幽深岩窟,花草点缀其间。

达·芬奇最为引人注目的大型画作是《最后的晚餐》,这是1494年受卢多维科委托所绘制,最终还算是在合理的时间内完成交付。同年,年纪尚轻的卢多维科的侄子突然去世,于是卢多维科继任米兰公爵。这位新上任的公爵计划在圣玛丽亚感恩教堂多明我修会修道院建造一座属于斯福尔扎家族的陵墓来延续家族名望,教区负责在此为斯福尔扎家族逝去的灵魂祈祷。达·芬奇生动地描绘了耶稣在受难前夕与最亲密的门徒分享的最后一顿晚餐。然而,这位伟大艺术家所采取的创作方法过于创新,大获成功的《最后的晚餐》同时也蕴藏着不少隐患。

这幅画作是一个成功的典范,因为

达·芬奇不仅以静态画面再现了历史事件，还刻画出不同人物复杂的心理状态。他从《圣经》故事的视角出发，记录下了那个戏剧性的关键时刻。耶稣和12个门徒正在共进晚餐，忽然说出"你们其中有一个人出卖了我"，众门徒听到这个令人震惊的预言后神情各异。达·芬奇塑造了12个心理画像来捕捉人物的反应。毫无疑问，他打算让修士们及后世所有欣赏者都置身于故事之中。这些人不再是观众，而是实实在在的参与者，都会不由得扪心自问："是我吗？"从构图布局上来说，耶稣位于中心，指着在弥撒的礼拜仪式中代表他身体的面包。《最后的晚餐》的问世推动宗教肖像画发展向前迈出了一大步，实现了在舞台剧、电影和戏剧出现之前难以呈现的效果。

《最后的晚餐》也是一幅失败的作品。达·芬奇一直勇于创新自己的绘画技巧。他在创作这幅壁画时采用的方式过于新颖，导致29年后壁画上就出现了龟裂。因此，后人再也无法得见这幅巅峰之作的原貌。

就在达·芬奇开始创作《最后的晚餐》那一年，

▲ 达·芬奇设计的战车：锥形盖用金属加固，4人操作两个动力曲柄

▲ 经鉴定,《圣母领报》系达·芬奇最早的作品,可以追溯到约1472年

他在米兰的人身安全受到了严重威胁。教皇和那不勒斯国王结盟反对卢多维科公爵。公爵请求法国国王查理八世施以援手,怂恿他率军假道米兰直接进攻那不勒斯。意大利战争一触即发。这场战争断断续续延绵了60余载。为巩固自己在意大利的地位,查理八世决定吞并米兰。1498年,卢多维科在战争中被自己昔日的盟友查理八世打败。两年后,他在法国被捕入狱,1508年亡故。

1499年,达·芬奇匆匆离开了米兰,这种颠沛流离的生活让他再也无心创作,直到生命的最后几年,他完成的画作少之又少。然而,他对文艺复兴时期的艺术、思想和生活都发挥了至关重要的作用,这不完全是因为其少数几幅幸存下来的完整画作。达·芬奇对后世的影响深远,许多艺术家对他尊敬有加,尤其敬重他的创新

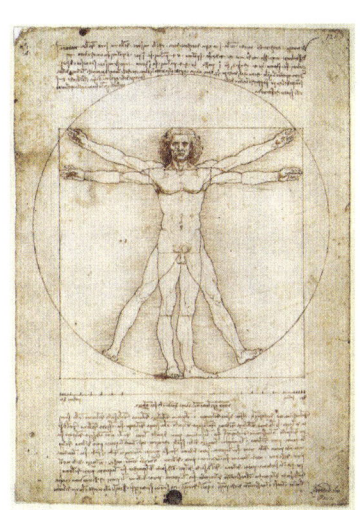

▲ 基于维特鲁威提出的人体完美比例理论绘出的《维特鲁威人》(约1490年)

精神。达·芬奇后期的作品《圣母子与圣安娜》革新了画面中的人物关联，对米开朗琪罗、拉斐尔等人产生了深远的影响。达·芬奇认为素描比其他形式的绘画更为重要，正是在欣赏一幅幅素描时，我们才能逐步走近这位文艺复兴时期伟大的天才。

进化的思维

达尔文

在教会主宰一切的日子里,
达尔文的进化论彻底动摇了英国维多利亚时代

查尔斯·达尔文关于进化论的革命性思想扩大了科学与宗教之间的鸿沟。当时,宗教在人们生活中发挥着至关重要的作用,而正是在这个时候他的学说引发了极大的争议。达尔文因提出进化论而闻名于世,他的科学信仰与维多利亚时代上帝创造万物的信仰相悖。尽管许多神职人员指责达尔文亵渎神明,但他的观点还是很快为世人所接受,为自然科学的发展奠定了基础。

达尔文生于1808年2月12日,在一个殷实优渥、思想自由的家庭中长大。虽然他信奉基督教的教条和教义,但他从小就受到家人的鼓励要不断鞭策自我,去探索自己的想法。在祖父和外祖父的影响下,年纪轻轻的达尔文就有了强烈的好奇心。他的祖父伊拉斯谟斯·达尔文(Erasmus Darwin)在小达尔文出生前几年便与世长辞。作为一名医生他口碑极佳,还受邀出任皇家医生,但他对此婉拒了。后来伊拉斯谟斯因提出物种的可变性而声名狼藉,这一观点要早于查尔斯·达尔文的进化论。伊拉斯谟斯所提出的类似演化的观念并不为世人所接受,反而因为谴责造物主上帝受到诟病和批评。

为追随祖父和父亲的脚步,1825年,达尔文决定搬到爱丁堡,进入大学攻读医学学位。然而,在观摩了一场没有任何麻

时间轴

1808年
查尔斯·达尔文生于一个自由开放的基督教家庭。伊拉斯谟斯·达尔文提出物种可变性观点。

1825年
达尔文进入爱丁堡大学攻读医学学位，但很快就意识到外科手术过于残忍，不适合自己。爱丁堡到处都有与之志同道合的思想家。

1827年
决定放弃学医后，达尔文离开爱丁堡拟到教会谋个职位，于是进入剑桥大学学习神学。虽然他对成为牧师不是特别感兴趣，但学校的课程能够让他追求自己真正的爱好——收集甲虫。

1831年
达尔文从剑桥大学毕业，决心在教会谋个职位。这时他受邀以"绅士博物学家"的身份登上"贝格尔号"，达尔文无法拒绝这个千载难逢的机会，于是欣然接受。为期两年的环球航行最终延长至5年，在此期间，达尔文遍访四大洲，采集到许多野生动物标本，勘探了当地的地质情况。他晕船非常严重，起航的头几周里，据说达尔文只能吃得下葡萄干，这是他的胃唯一能消化的食物。

1836年
回到英国后，达尔文决定暂时保留自己对进化论的观点。同时，他继续研究旅行中收集的标本，希望能够收集到足够的证据来证实自己的观点。

醉的手术后，他很快意识到学医并不适合自己，这对自己敏感脆弱的胃简直是一种折磨。虽然他放弃学医，但爱丁堡仍然是达尔文培养自由主义思想的理想之地。各路激进分子在这片土地上唇枪舌剑，争论着耸人听闻和具有革命性的论断，那都是些在牛津和剑桥都决不允许被讨论的观点。

然而，爱丁堡的自由开放思想还是无法容纳达尔文。1827年，他进入剑桥大学学习神学，打算成为一名牧师。虽然他对成为牧师不是特别感兴趣，但学校的课程能够让他追求自己真正的热爱——收集甲虫。

1831年从剑桥大学毕业后，达尔文准备在教会任职，但一个机遇的出现让他得以充分满足自己对生活日渐强烈的好奇心。他应邀以"绅士博物学家"的身份登上"贝格尔号"（Beagle，也叫"小猎犬号"），开始了为期两年的环球航行。最终，环球航行的时间从两年延长至5年，在此期间达尔文访问了4个大洲。

然而，年轻的达尔文也为这次千载难逢的机会付出了代价。他晕船非常严重，一直遭受头晕恶心的折磨。起航的头几周里，据说达尔文只能吃得下葡萄干，这是他的胃唯一能消化的食物。更加不幸的是，

1858 年
是年夏天，达尔文收到一封来自阿尔弗雷德·拉塞尔·华莱士的信。华莱士对达尔文一直都十分钦佩。信中他就如何发表自己的理论寻求前辈的建议。这推动了达尔文公开发表进化论的观点。

1869 年
达尔文修订了《物种起源》中的一些论点以回应对自己的批评。修订到第五版时，达尔文引用了经济学家赫伯特·斯宾塞（Herbert Spencer）"适者生存"的说法，尽管人们经常误以为这个说法是达尔文最先提出的。

1839 年
达尔文写下一份利弊清单来决定是否要与表妹艾玛结婚，最后确认自己还是更加需要家人的陪伴。

1859 年
达尔文担心华莱士会在他之前发表文章，于是决定公开发表自己的理论。1858 年，他们关于进化和自然选择的论文被提交给了林奈学会。1859 年，达尔文出版了畅销书《物种起源》，书中的观点在宗教界引起轩然大波，许多教会成员指责达尔文亵渎神灵。尽管如此，达尔文的观点逐渐受到人们的支持和拥护。

1860 年
达尔文的拥护者与牛津大主教塞缪尔·威尔伯福斯在英国科学促进会举办的一次会议上进行了正面交锋。会议地点在牛津大学，结束后两人都觉得自己是辩论的赢家。

1871 年
达尔文曾回避论述人类进化论的具体内容，但他鼓起勇气在最新著作《人类起源》中明确提出，人类是猿类的后代。

1882 年
随着健康状况的恶化，达尔文最后在妻子和朋友的陪伴下谢世。尽管他的遗愿是埋葬在道恩村的家族墓地，但最终还是被安葬在了威斯敏斯特教堂。

这是达尔文成年后第一次生病，后来他还得了几场大病，所以他的身体一直都十分虚弱。现在有人认为，在达尔文航海旅行期间，他曾感染过一种热带病，直到他 1882 年去世之前都一直饱受折磨。

尽管疾病缠身，他研究的脚步却从未停下，一直在旅行途中收集动物样本。最值得注意的是有一次前往太平洋上偏远的加拉帕戈斯群岛（Galápagos Islands），"贝格尔号"在那里停泊了一个多月。

在这片野生动物随处可见的群岛上，达尔文对雀类、嘲鸫和乌龟进行了详细的研究。他注意到不同鸟雀的喙因获取食物的不同而形状各异。这标志着他第一次对自然选择思想的认真探索。

1836 年，达尔文一回到英国就回顾了自己外出期间的经历，陷入了深深的思考。他发表了一篇旅行报告，不过仍然每天心事重重。他一直在考虑有关进化论的一些尚未成形的观点。由于旅行期间的发现与基督教价值观相矛盾，达尔文的内心极度矛盾，时常感到惴惴不安，担心自己会因为发表有争议的观点而受到社会的排斥和谴责。

但为验证自己的想法，达尔文还是决定继续研究旅行中收集的标本，希望能

"贝格尔号"上的博物学家

这段旅程彻底改变了达尔文的一生

达尔文登上"贝格尔号"环球航行之前,他的父亲对自己的儿子可谓相当失望。父亲为儿子的教育投资了一大笔钱,但达尔文对科学的好奇心与成为一名牧师的想法产生了冲突,因此他决定放弃在爱丁堡大学攻读医学学位,转而进入剑桥大学学习神学。

尽管达尔文对自己生活的方向有些迷茫,但他有一个不可动摇的道德准则,这让他后来成为一个有悟性、善于观察人性的人。他的外祖父约书亚·韦奇伍德(Josiah Wedgwood)是主张废除奴隶制的著名活动家,达尔文对外祖父的工作一直十分关注。航行期间他经常在日记中写道,自己对南美奴隶和契约佣工所受到的待遇感到既震惊又沮丧。

因为海因斯(Henyns)和詹斯罗(Jenslow)拒绝了"贝格尔号"上的工作,达尔文才得到了这个职位。在剑桥期间,达尔文的和蔼可亲远近闻名,而且还爱刨根问底,海因斯和詹斯罗决定让达尔文去申请这个职位。此时达尔文正处于人生的关键时刻,他认为两年的环球航行是一个证明自己的机会,也能够更加了解博物学家的工作与生活。他的研究方法和推论过程在很大程度上受到了其他人的影响,但一个人在野外工作时,达尔文对独自开展研究也信心十足。

1836年10月2日 英格兰法尔茅斯
5年后,"贝格尔号"回到英国,达尔文发现自己已小有名气。他寄回祖国的样本有待进一步研究,剑桥大学的学者热切接纳了他对南美地质学的研究工作。

1836年1月12日 澳大利亚悉尼
在澳大利亚,达尔文感觉更加舒适自在。他在日记中写道,自己好奇为何澳大利亚的动物如此独特,和世界其他地方的动物都不一样。

1836年6月1日 南非开普敦
来到开普敦城外环境恶劣的沙漠,达尔文意识到,动物的体型并不一定与它所需的食物量有关。在与其他科学家共享晚餐时,他们讨论了上帝的自然法则是如何运行的问题。

1832年12月 阿根廷火地岛
在上次航行中,船长菲茨罗伊收编3名火地岛人加入船员队伍,这次"贝格尔号"送他们返回自己的部落。这些原住民几乎被英国社会同化,这让达尔文大为震惊。

▲ 达尔文的祖父伊拉斯谟斯·达尔文在提出物种可变性理论后受到排挤

够收集到足够的证据来证实自己的观点。1838年，达尔文着手整理自己的想法并撰写成书，这就是《物种起源》的雏形。直到此时，他的研究仍然是小范围的，出于后顾之忧，只有他自己和密友知晓理论的内容。

达尔文回家后并不仅仅投身于科学研究之中。1839年1月29日，达尔文与表妹艾玛·韦奇伍德（Emma Wedgwood）结婚。显然成婚并非这位科学家的首选，但他写下一份利弊清单来决定是否要完成这桩人生大事。列出的婚姻优点包括"总比

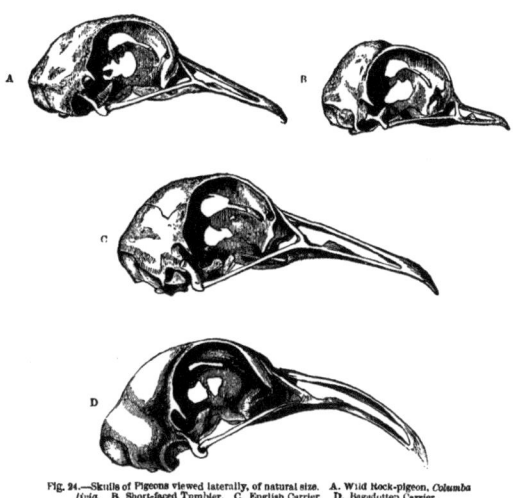

▲ 达尔文在加拉帕戈斯群岛注意到不同鸟喙因获取食物的不同而形状各异

一只狗的陪伴来得更好""和女人聊天同欣赏音乐一样具有吸引力",而缺点则包括"需要被迫探亲""买书的钱会变少"。

婚姻让达尔文进退维谷。和艾玛结婚后,他们育有10个孩子。不幸的是,有3个孩子早夭。达尔文最钟爱的女儿就是10岁离世的安妮。安妮的离去让他遭到毁灭性打击。他的子女出生后身体总是不适。安妮死后,达尔文开始着手研究近亲繁殖的危害。

没过多久,达尔文就重新投身于科学研究。1858年,达尔文收到一封阿尔弗雷德·拉塞尔·华莱士(Alfred Russel Wallace)寄来的信,华莱士对达尔文一直都十分钦佩。受到达尔文乘坐"贝格尔号"环球旅行的启发,华莱士也开始了自己的航行,还提出了和达尔文高度吻合的自然选择理论。华莱士在信中还就如何发表自己的理论寻求前辈的建议。

考虑到自己的理论还没有公开发表,达尔文感到心烦意乱。是自己首先得出自然选择的结论,他不想让华莱士独享这份殊荣。然而,达尔文同时也认识到华莱士的研究有理有据,达尔文并不想攫取他的研究成果。彼时华莱士还在国外,联系不到,在道德层面上应该如何选择让达尔文左右为难。

最终,达尔文决定公开发表自己的理论。为了和华莱士共同进行研究,达尔文将两人的理论一起发表。后来,他们关于进化和自然选择的论文被提交给了英国的自然历史机构林奈学会。回到英国后,华莱士对达尔文的做法表示赞成,认为此举甚是公平。

尽管华莱士和达尔文都是自然选择机制的发现者,但达尔文所著的《物种起源》

于 1859 年出版后，相形之下华莱士黯然失色。正是这一成就引起了公众的注意，《物种起源》一经问世就十分畅销，被翻译成多种语言。然而，并不是所有人都认可达尔文的观点。许多教会成员指责达尔文亵渎神灵，因为这本书与《圣经》中所写的上帝创造万物的观点相矛盾。也有一些宗教人士将达尔文的理论解释为上帝的设计。达尔文的观点不仅仅在宗教和科学界引发了争议，甚至成了流行文化的一部分。当时许多报纸刊登的文章模仿、嘲笑和讽刺达尔文，特别是讥讽他关于人类由猿类演化而来的观点。

1860 年 6 月，牛津大学举行了一场关于进化论的辩论，达尔文的支持者与宗教领袖正面交锋。人们将这场辩论视为宗教与科学关系的转折点，牛津大主教塞缪尔·威尔伯福斯（Samuel Wilberforce）质问进化论的拥护者、达尔文的密友之一托马斯·赫胥黎（Thomas Huxley），嘲笑他的祖先是猿类。赫胥黎不甘示弱，也以讽刺的口吻加以反驳。结束后两人都觉得自

▲ 当时，达尔文因提出人类是猿类后代的观点而遭到众人的嘲笑

己是辩论的赢家。不管最终鹿死谁手，达尔文理论给维多利亚时代所带来的震撼由此可见。

尽管达尔文早期害怕受到指责，但在承受了对自己革命性理论的嘲笑和怀疑造成的巨大冲击后，他对批评不再陌生。1871年，他克服了自身的疑惧，发表了最新著作《人类起源》，明确提出人类是猿类后代的论述。维多利亚时代对进化论的看法仍存在分歧，但达尔文的观点越来越受到认可，当时许多著名人物都转变为达尔文理论的拥护者。

随着健康状况的恶化，达尔文在肯特郡道恩村的一所住宅隐居下来，生活起居皆由妻子和孩子照料。他很少纳客，但疾病从未影响他的工作。

1882年4月19日，这位伟大的生物学家逝世。达尔文称自己是一个不可知论者。他告诉妻子自己的遗愿是葬在道恩的家族墓地中。然而，他的密友对此却难以接受，最终将达尔文安葬于威斯敏斯特教堂。

近亲繁殖的影响
达尔文的近亲婚姻影响了他的思想

达尔文与艾玛婚后育有10个孩子。不幸的是，有3个孩子早夭，其中大女儿安妮年仅10岁便离世。安妮的死对达尔文影响很大，此后他开始研究近亲繁殖的后果。达尔文对兰花做了自花传粉的实验，试图研究近亲物种之间结合产生的影响，因为他开始怀疑是自己与表妹的结合导致孩子们屡发疾病和身体虚弱。

达尔文意识到近亲繁殖的潜在危险后，试图呼吁立法禁止近亲结婚。1871年人口普查时，他曾四处游说呼吁人们关注近亲结婚的危害，但却遭到拒绝。毕竟当时的统治者维多利亚女王自己就嫁给了表弟阿伯特亲王，达尔文对近亲结婚是否符合道德的质疑不啻对王室权威的挑战。

幸运的是，达尔文剩下的7个孩子还算长寿，一生过得十分美满。子女们都继承了达尔文永无止境的好奇心和聪明才智。其中3个儿子受封爵士，分别在天文学、植物学和土木工程方面做出了突出贡献。

谦 逊 的 天 才

爱因斯坦

这位科学大家改变了我们的世界观。他的名字已经成为天才的代名词,但"胡子"背后的人究竟是谁呢?

朱迪·泰勒

1905 年,阿尔伯特·爱因斯坦发表了4篇论文,彻底改变了我们对宇宙的认知。由于贡献杰出,他获得了诺贝尔奖。他所提出的最著名的科学方程式$E=mc^2$和他满头白发、浓密胡须一样令人瞩目。然而,在取得划时代成就的"奇迹之年",他还只是一个黑头发、大眼睛的26岁年轻人,还没有博士学位。事实上,他当时在瑞士一个专利局工作,这个职位的声望远不如他梦寐以求的博士学位。

但事后看来,这个位置使爱因斯坦有时间对光的特性进行理论化研究。爱因斯坦最突出之处在于他思想独立,这也是他受教育困难的原因之一。他把老师比作"教官",为自己招来了恶作剧制造者的名声。他发育迟缓,两岁后才开始说话。"我的父母非常担心,"他后来回忆道,"他们咨询了医生。"

即使当他开始学会与人交流的时候,他也总是先小声自言自语,把句子组织明白了才大声说出来,连家庭女仆都叫他"呆子"。当父亲递

▲ 爱因斯坦和第二任妻子艾尔莎在华盛顿特区国务院、战争部和海军部大楼外合影

给他一个磁性罗盘让他解闷时，这个5岁的孩子被针上的无形力量迷住了。如此有趣的事情怎么在学校里从未遇到过？爱因斯坦很快意识到他必须自己解决问题。"我没有什么特殊的才能，"他后来说，"我只是非常好奇。"孩提时候，他就喜欢在崇拜他的小妹妹玛雅（Maja）的帮助下玩谜题和建造纸牌屋。在妹妹出生之前，母亲说他很快就会有一个漂亮的玩具。"轮子在哪儿？"当一个胖乎乎的新生儿出现在他面前时，他大声叫道。不过，尽管他小时候会耍脾气，向妹妹头上扔东西，但兄妹俩关系还是非常亲密。"给知识分子当妹妹需要头皮硬。"她后来开玩笑地说。

爱因斯坦一生的转折点出现在他十几岁的时候，当时一个医科学生借住在他的家里。马克斯·塔尔梅（Max Talmey）给他介绍了代数，还送给他几何和自然科学方面的书。亚伦·伯恩斯坦的一本书描述了电流沿着电报线流动，让读者想象在它旁边运行的感觉，这让爱因斯坦思考起光的本质。他想，如果能赶上一束光，它看起来就会像是冻结了一般，而此前似乎从来没人从这个角度思考这个问题。

爱因斯坦以这样的思想实验而闻名，他更喜欢用图片而不是文字来思考。1904年，25岁的爱因斯坦常常推着婴儿车中的儿子汉斯－阿尔伯特（Hans-Albert）走在瑞士伯尔尼的街道上。他已经9年没有读过伯恩斯坦的书了，但那个谜题一直困扰着他。额头布满皱纹、坚韧不拔的个性已经融入血液之中的他，会时不时停下来拿出记事本，草草写下一系列数学符号。《纽约时报》后来对这进行了最好的总结："从这些符号中产生了人类理解神秘宇宙的最具爆炸性的想法。"

19世纪末，人们认为光是一种穿过神秘物质以太的波。爱因斯坦用他的广义相对论将以太从方程中移除，创立了空间和时间之间的基本联系。

他解释说，时间流逝的速度取决于物体移动的速度；物体移动越快，时间就越慢。方程$E=mc^2$表示质量（m）和能量（E）之间的关系。重要的是，爱因斯坦发现，当一个物体接近光速（c）时，该物体的质量就会增加。或者，正如他深入浅出地指出的那样："当你追求漂亮女孩时，一个小时就像一秒钟。当你坐在一块滚烫的煤渣上时，一秒钟就像一个小时。这就是相对论。"

当问及他是如何碰巧提出这样一个开创性理论时，他解释道，这要归功于那些让他父母担忧的童年岁月。"普通的成年人从不关心空间和时间的问题，这些都是他小时候所想到的事情。但我成长得太慢了，直到我长大后才开始思考空间和时间。因此，我比普通的孩子更深入地探讨了这个问题。"

爱因斯坦的发现不胫而走，媒体把他炒作成了全球性的轰动人物。这是一种人人都在谈论但没人能够理解的新理论。恰逢社会巨变时期，第一次世界大战在前一年结束，新技术正在研发，性别的角色正在重新平衡。就职业而言，这位科学家从

▲ 1921年，42岁的爱因斯坦在维也纳演讲

来没有如此成功过，但关上家门，他的个人生活正在走向崩溃。

爱因斯坦与米列娃·玛丽克（Mileva Marić）11年的婚姻出现裂痕。他向她发出了最后通牒：如果他们为了孩子而选择维持下去，她必须答应一系列条件。从确保他的衣服叠放整齐，到只要他提出要求，她就必须立刻离开书房，不一而足。几个月后，玛丽克带着两个儿子回到苏黎世。爱因斯坦长子汉斯-阿尔伯特长大后反思道："可能他唯一放弃的项目就是我。"

离婚后，爱因斯坦迎娶了表姐艾尔莎·洛温塔尔（Elsa Löwenthal），不过他唯一的真爱似乎是科学。1933年爱因斯坦移民美国。此时纳粹正发起一场充满仇恨的反犹运动，以诋毁这位犹太科学家和他的理论。他们把他描绘成骗子，暗示他的成果涉嫌抄袭。从那时起，这些无端指控就一直困扰着爱因斯坦的生活。

但就像纳粹对他持怀疑态度一样，爱因斯坦对他们也非常警惕。爱因斯坦认为他们正在研制原子弹，于是写信给罗斯福总统，警示日益严重的核威胁。他主张政府利用铀研究核链式反应以应对德国在该领域的进展。但爱因斯坦一生都是和平主义者，他反对这场战争。

鉴于他的声誉，可以说这封致罗斯福总统的信是美国发展原子弹的催化剂。曼

▲ 三四岁时的爱因斯坦

哈顿计划正式开始,不过爱因斯坦从未直接参与其中。然而,他著名的方程式无意中提供了起点,他注定要永远解释他在这个历史关键时刻所扮演的角色。

爱因斯坦坚持认为他所做的只是写了一封信,甚至后悔封上了信封。在接受《新闻周刊》采访时,他说:"如果我知道德国人不会成功地研制出原子弹,我就什么也不做了。"当第一颗原子弹在日本广岛投下,造成多达14万人死亡时,这一行动及其后果促使他在余生中进行反核的运动和演讲。

晚年的爱因斯坦开创了许多重要理论,包括虫洞、多维模型和时间旅行的可能性。他还提出了理论物理学的统一场论。这一包罗万象的理论试图将宇宙和物理学的力量统一到一个理论框架下。然而,由于1955年爱因斯坦因主动脉瘤逝世,这一理论从未完成。他拒绝做手术:"我已经尽力而为,到走的时候了。我会优雅地去的。"令人遗憾的是,由于护士不会说德语,我们永远无法知道他的临终遗言是什么,它们永远迷失在空间和时间之中。而多亏有了爱因斯坦,我们才能对宇宙有更加深刻的认识。

翱翔天际
莱特飞行者一号

1903年12月，美国北卡罗来纳州屠魔山，人类首次实现有动力持续飞行

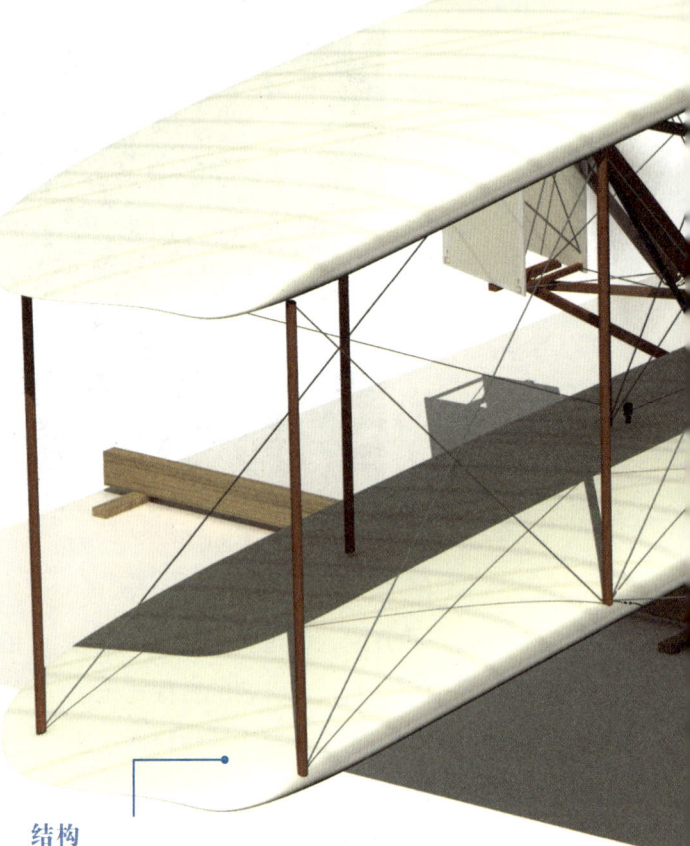

螺旋桨

两个木制的螺旋桨推动飞机前进。它们置于飞行器中心两侧，转向相反，以平衡推力。

结构

莱特飞行者一号是一架由木材、金属线和布料组合制成的双翼飞机。垂直部件由云杉制成，弯曲部件用梣木雕成。表面覆盖了平纹细布和帆布，以使其更加符合空气动力学。这个设计总共花费了1000美元，兄弟俩在没有任何公司或政府补贴的情况下创造了历史。

家自行车铺的后屋。经过艰苦努力，一切就绪，莱特飞行者一号终于准备起飞。从1896年起，奥维尔（Orville）和威尔伯（Wilbur）兄弟俩就已经掌握了滑翔飞行知识，一直致力于巧妙的创造。在1903年这个阴雨的冬日，是时候创造历史了。

上午10时35分，大风把飞机吹得摇摇晃晃，但由于控制绳已经松开，回头断无可能。在第一次试飞中，莱特飞行器达到了约12千米/小时的速度，上升高度为3米。

空中滞留时间虽然只有12秒，但奥维尔·莱特却由此成为第一个驾驶比空气更重的飞行器飞行的人。兄弟俩已经打破了纪录，但没有止步于此。他们急切地再次登上了跑道。经过20分钟维修后，第二次试飞开始。这次由威尔伯掌舵。第二次飞行了53米，比第一次飞行距离要远。直到第四次也是最后一次飞行，兄弟俩才创造了当天的纪录。当时威尔伯驾驶飞机飞行了260米，滞空时间不到一分钟，取得了令人满意的成功。

顺利地度过一天后，兄弟俩和团队成员全都松了一口气。但这种松懈证明是致命的，因

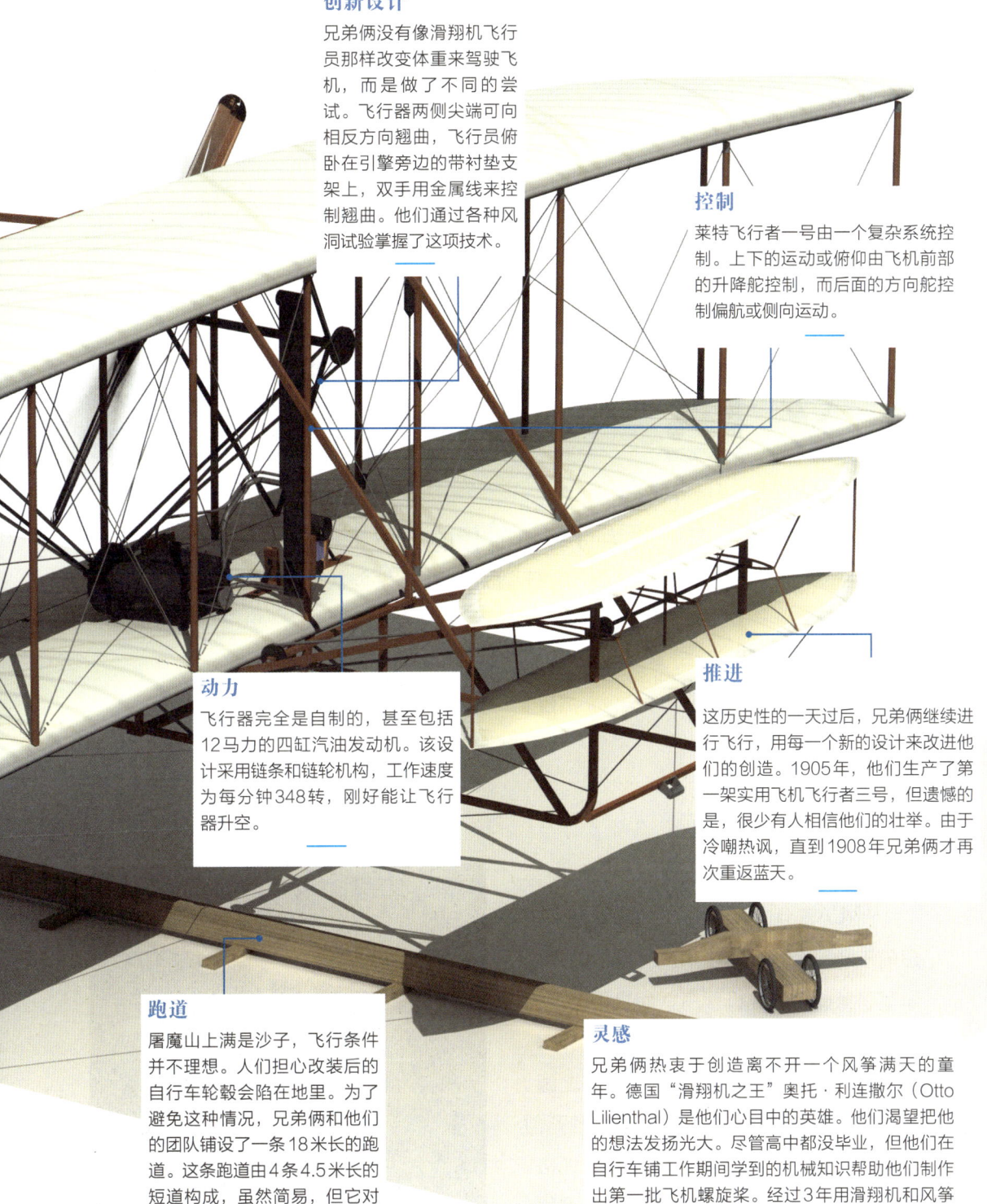

创新设计

兄弟俩没有像滑翔机飞行员那样改变体重来驾驶飞机,而是做了不同的尝试。飞行器两侧尖端可向相反方向翘曲,飞行员俯卧在引擎旁边的带衬垫支架上,双手用金属线来控制翘曲。他们通过各种风洞试验掌握了这项技术。

控制

莱特飞行者一号由一个复杂系统控制。上下的运动或俯仰由飞机前部的升降舵控制,而后面的方向舵控制偏航或侧向运动。

动力

飞行器完全是自制的,甚至包括12马力的四缸汽油发动机。该设计采用链条和链轮机构,工作速度为每分钟348转,刚好能让飞行器升空。

推进

这历史性的一天过后,兄弟俩继续进行飞行,用每一个新的设计来改进他们的创造。1905年,他们生产了第一架实用飞机飞行者三号,但遗憾的是,很少有人相信他们的壮举。由于冷嘲热讽,直到1908年兄弟俩才再次重返蓝天。

跑道

屠魔山上满是沙子,飞行条件并不理想。人们担心改装后的自行车轮毂会陷在地里。为了避免这种情况,兄弟俩和他们的团队铺设了一条18米长的跑道。这条跑道由4条4.5米长的短道构成,虽然简易,但它对成功不可或缺。

灵感

兄弟俩热衷于创造离不开一个风筝满天的童年。德国"滑翔机之王"奥托·利连撒尔(Otto Lilienthal)是他们心目中的英雄。他们渴望把他的想法发扬光大。尽管高中都没毕业,但他们在自行车铺工作期间学到的机械知识帮助他们制作出第一批飞机螺旋桨。经过3年用滑翔机和风筝进行的精心测试,莱特飞行者一号实现了首飞。

为突来一阵狂风吹翻了莱特飞行器,致使其损坏到无法修复。一个名叫约翰·丹尼尔斯(John Daniels)的人险些被飞行器砸到。这一天因为首次实现了有动力持续飞行而为世人所铭记,但对于那天在场的人来说,他们差点失去一个朋友。

数字女王

艾达·勒芙蕾丝

作为计算机时代的先驱，
这位世界上第一个女计算机程序员令人难以捉摸

杰西卡·莱格特

聪明、自信、大胆，艾达·勒芙蕾丝（Ada Lovelace）是一位超前于她那个时代的技术梦想家。她不仅编写了第一个计算机程序，而且预见了机器的作为将超过基础数学这一数字化未来。人们将她视为科学领域女性的灵感之源。她的生活经常被浪漫化。然而，在她开创性成就的背后，隐藏着她那复杂的性格。她一生饱受心理与身心困扰的折磨，最终，年仅36岁，她便悲剧性地离开了人世。

1815年，奥古斯塔·艾达·拜伦生于伦敦。母亲安娜贝拉·拜伦（Annabella Byron）夫人是一位聪明、正直、虔诚的淑女；父亲是诗人拜伦勋爵，以"狂热、混

▲ 艾达是拜伦勋爵唯一的合法孩子

源自数学的运筹学本身就是一门科学,有其抽象的真理和价值。

世、危险"而声名狼藉。艾达的名字是根据拜伦同父异母的妹妹奥古斯塔·利（Augusta Leigh）的名字取的。

艾达出生几周后，父母便劳燕分飞。拜伦令人抓狂的行为让夫人忍无可忍。鉴于这次离异造成了十分难堪的社会影响，1816年3月，拜伦勋爵不得不逃离英国，到国外另寻出路。从此他再也没有回到英国，8年后在希腊辞世，再也没与女儿谋面。

拜伦夫人是一位受过高等教育的女性，为女儿提供了和自己小时候所接受的同样严格的科学和数学训练。她希望这能避免艾达重蹈自己父亲的覆辙。艾达从小精力充沛，情绪容易波动。对于一个19世纪家境殷实的女孩来说，正是这种非传统的教育，把她引领进了科学界。

艾达非常享受这种教育，并由此对机器产生了浓厚的兴趣。她在工业革命中长大，喜欢深入钻研日新月异的巧妙发明。1828年，12岁的她开始设计飞机，为蒸汽动力飞行器绘制图纸。显而易见，艾达从年轻时候起就注定要成为一名前卫的思想家。

但艾达小时候便疾病缠身，进而困扰着她的余生。十几岁的时候，艾达感染了一种严重的麻疹病，几近瘫痪，卧床休息了将近一年，数年后才算康复，最终能拄拐走路。

学习固然需要聚精会神，但艾达总是好奇心爆棚，很快就开始询问关于父亲的问题。毕竟，无论身在何方，作为拜伦勋爵女儿的耻辱一直如影随形。拜伦夫人不许艾达谈论自己的父亲，但并不阻止艾达读他的诗，而艾达对此却兴趣索然。拜伦夫人最为担心的是，女儿遗传父亲的性格，因为正是这种不正常的性格让拜伦忧郁沮丧，债台高筑。

由于财富和社会地位，艾达享有当时大多数女性所没有的机会。她身边都是当时一些最重要的科学思想家，包括苏格兰天文学家、博学的玛丽·萨默维尔（Mary Somerville）。作为理想的榜样，萨默维尔成为艾达的人生导师，培养了艾达对数学的热爱，激起了她对科技的兴趣。

1833年，正是通过萨默维尔的介绍，艾达在一次聚会上与数学家、机械工程师查尔斯·巴贝奇（Charles Babbage）相识。巴贝奇是剑桥大学卢卡斯数学教授，也是机械计算机差分机的发明者。他向艾达展示了部分样机，令艾达如醉如痴。由此开启的友谊一直相伴其终生。

亲眼看见了差分机的作用后，艾达决心继续钻研数学。她在写给导师威廉·金博士的信中说："我发现，除了对科学踏实有效的应用，现在似乎没有什么东西可以让我的想象力失控。"据称，金非常看好这个学生，认为她需要的是"一个严格的智力学习过程"。他相信，这无疑将使艾达循规蹈矩一些。

学术交往

在接下来的两年里，艾达潜心数学研究，与萨默维尔和巴贝奇保持通信联系。她参加各种社交聚会，与名流建立广

▲ 艾达对分析机的理解超过了同时代人

泛联系，其中包括物理学家迈克尔·法拉第（Michael Faraday）、科学家和发明家查尔斯·惠特斯通（Charles Wheatstone），甚至还有著名作家查尔斯·狄更斯（Charles Dickens）。与此同时，拜伦夫人一心想着给艾达找一个合适郎君，以期美满的婚姻能让她不越雷池。

第八世男爵威廉·金（别和艾达的导师弄混）是玛丽·萨默维尔儿子的朋友。虽然金比艾达年长10岁，但两人很快相爱。

▲ 艾达创建的用于计算伯努利数的计算机程序

从朋友到敌人?

艾达和巴贝奇之间的关系并不完美

从表面上看,艾达和查尔斯·巴贝奇之间的友谊并不寻常。他们初次见面时,艾达还是一个活泼好动的17岁女孩,而他比她大20岁,性格难缠。他们之间的通信联系一直持续到1852年艾达去世。他们的工作受到了计算机科学界的褒扬。

当巴贝奇第一次构思差分机时,引起了政府的兴趣,政府为他在1823年建造差分机提供了资金。遗憾的是,巴贝奇未能成功,因为时间精力所限,他始终未能完成差分机整机。相反,他把注意力转向了更加先进的分析机。然而由于先前的失败,他没能再次获得政府资助。

愤懑的巴贝奇在拟放到艾达的译作前面的序言中表达了对政府的批评。艾达没有反对,只要巴贝奇在序言上签字以表明这并非出自她手就行。可是,巴贝奇并不想署名,还试图征得《科学回忆录》杂志出版商的同意,却遭到拒绝。被激怒的巴贝奇要求艾达在译作出版之前撤回稿件。考虑自己为此所付出的诸多努力,艾达没有答应。这导致双方关系一度紧张,但最终还是达成了和解。

▲ 与"计算之父"巴贝奇合作并非易事

1835年7月,艾达与威廉结为连理,成为金夫人。1836—1839年,这对夫妇有了3个孩子:两个儿子拜伦和拉尔夫,还有一个女儿安娜贝拉。艾达总是容易生病,尤其在女儿出生后健康状况不佳,花了几个月的时间才得以恢复。1838年,威廉受封勒芙蕾丝伯爵,作为妻子的艾达成为勒芙蕾丝伯爵夫人,这一称号为世人所熟知。

通常说来,婚姻标志着女性"狂野"追求的结束,转而投身家务和孩子。艾达的情况却并非如此,尤其是作为科学家的威廉,更是鼓励妻子继续深造。艾达自不用说,她在最后一个孩子出生后便渴望重返数学领域。

通过巴贝奇,艾达与著名数学家、伦敦大学学院教授奥古斯都·德·摩根(Augustus de Morgan)取得了联系。摩根同意把自己的教学材料寄给艾达,以便她学习,而英国维多利亚时代的女性不允许参加大学讲座。1840—1841年,两人经常通信。在摩根的指导下,艾达沉浸在高级微积分

▲ 艾达的丈夫威廉·金·诺埃尔比她年长10岁,他们的婚姻算是美满

研究之中。

在追求自身学业不断精进的同时,艾达仍然对巴贝奇的成果抱有兴趣。1837年,巴贝奇提出一种更先进的计算机分析机概念。它是现代计算机的先驱。3年后,他前往都灵大学解释自己的设计。意大利数学家、路易吉·梅纳布雷亚(Luigi Menabrea)由此撰写了一篇探讨分析机的论文,还在1842年请艾达将其译成英语。

艾达向巴贝奇展示了自己的译作,巴贝奇建议她给梅纳布雷亚的论文加注,因为她比大多数人更了解他的研究。当艾达的译作最终在1843年出版时,她谦恭地在后面增加了"注释"部分。然而,这绝不仅仅是个附录。它的长度是梅纳布雷亚论文的3倍,更为重要的是,里面含有人们普遍认为的世界上第一个计算机程序。她概述了分析机的一种算法,这种算法能让分析机运算复杂的方程式,识别出所谓的伯努利数。

然而,人们对艾达是"第一个计算机程序员"之说存有争议。在她有生之年,分析机并未在技术上制造出来,所以她的概念化程序从未得到适当的测试。她与巴贝奇合作写出了"注释",并寄给他征求建议和修改意见,所以人们认为巴贝奇影响了她的想法。事实上,早在1836—1837年他便写出了自己的初步计算机程序,只是没有出版。

巴贝奇的成果早在艾达创建她的算法之前就已然存在,只不过她的算法最为完整,业经正式出版。尽管存在争议,但艾达对分析机做出的巨大贡献却不可否认。她是一个有远见的人,以独特的视角分析分析机的潜力,相信编程可以成就更多。其中就包括她的革命性信念,即分析机"可以创作任何复杂而科学的音乐作品"。事实证明,世界还没有准备好接受艾达的超前提议,技术需要一个多世纪的时间才能迎头赶上,真正将它们付诸实践。

全线崩溃

尽管艾达成就斐然,但她生命最后10

隐匿人物

英国维多利亚时代数学和科学界的女性先驱

卡罗琳·赫歇尔（Caroline Herschel）1750—1848年

1786年8月，德国天文学家卡罗琳在观察夜空时成为首位发现彗星的女性。为表彰她对天文学的贡献，英国国王乔治三世甚至雇用她作为自己的哥哥、天文学家威廉·赫歇尔的助手。通过卡罗琳的工作，在英国第一个皇家任命的天文学家约翰·弗兰斯蒂德（John Flamsteed）创建的恒星目录中，她增加了550多颗恒星。

玛丽·萨默维尔 1780—1872年

正是科学作家、博学家玛丽·萨默维尔把当时的一些学术泰斗引荐给了艾达。她和卡罗琳·赫歇尔一起，成为英国皇家天文学会的第一批荣誉女性会员。玛丽·萨默维尔在海王星的发现中发挥了关键作用，这要归功于她对太阳系中一个假想行星的研究。她在天文学之外也有所成就，相关成果发表在诸如1848年著名的《自然地理学》杂志上。

安娜贝拉夫人 1792—1860年

就像自己的女儿一样，拜伦夫人也很喜欢数学。深受父母宠爱的她接受过良好教育。在剑桥大学教授指导下，安娜贝拉在科学、文学、哲学和数学方面取得了成就。正是由于她对数学的热爱，拜伦给她起了一个绰号"平行四边形公主"。婚姻破裂后，安娜贝拉全身心投入慈善事业和教育改革之中。

索菲娅·柯瓦列夫斯卡娅（Sofia Kovalevskaya）1850—1891年

索菲娅的老师注意到她小时候在数学方面表现出来的天赋，积极鼓励她努力钻研，从而促使她成为欧洲第一个获得数学博士学位的女性，而令她声名鹊起的是对偏微分方程的研究。索菲娅是斯德哥尔摩大学数学教授，也是首位当选俄国科学院通讯院士的女性。她还是一家科学杂志的编辑，是第一个担任这一职位的女性。

赫塔·艾尔顿（Hertha Ayrton）1854—1923年

赫塔是一名工程师、数学家和发明家。她的朋友们根据一部瑞典小说中活泼主人公的名字给她取了这个绰号，她后来欣然接受。赫塔发明过一种改进版电弧，对沙子和水中的波纹进行过研究。她还是第一位在电气工程师学会宣读论文的女性，也是第一位在1902年被提名为皇家学会会员的女性。皇家学会因其在电学方面的研究授予其休斯奖章。

菲利帕·福塞特（Philippa Fawcett）1868—1948年

福塞特是妇女参政论者米莉森特·福塞特（Millicent Fawcett）的女儿、英国首位执业女医生伊丽莎白·加勒特·安德森（Elizabeth Garrett Anderson）的侄女，她身边都是令人艳羡的女性。她在数学方面天赋异禀，是第一位也是唯一一位在剑桥大学数学考试中获得最高分的女性。她在剑桥大学纽纳姆学院讲授数学，于剑桥大学最终允许女性获得学士学位一个月后谢世。

▲ 看到部分造好的差分机,艾达惊诧不已。图中为差分机的木刻版画

年的境遇却每况愈下。她经常喝酒和鸦片酊以应对病痛。通过医生处方可以看出,艾达显然已经上瘾。她从童年开始情绪就容易波动,后来逐渐变得极端,甚至还出现了幻觉。

时至1852年,艾达显然已经病入膏肓。人们认为她患了子宫癌,不幸的是已经到了晚期。她继续和朋友们通信,大约在8月,查尔斯·狄更斯拜访了艾达,给她读了他的一部小说中的片段。

夏秋之交,拜伦夫人搬过来照顾病中的女儿。艾达意识到自己不久于人世,向

▲ 巴贝奇分析机的穿孔卡

丈夫做了忏悔。

在经历了数月难以忍受的疼痛和医生的过度放血之后，1852年11月，艾达离世。她和自己父亲去世时的年龄相同，尽管她几乎不认识他，但不可否认，她毕竟是拜伦的女儿。经过一生的分离之后，她要求葬在诺丁汉郡父亲的身边，这让母亲感到惶恐不安。

尽管内容颇具革命性，但艾达关于分析机的"注释"在她生前没有受到世人的赏识。百多年来，她只作为拜伦勋爵传记中的一个脚注为人们所知晓。1953年，艾达的力作得以重新出版，她对计算机技术的贡献很快就得到了重新评估。1979年，一种计算机语言以她的名字命名。如今，她已经成为世界各地许多从事数学、科学和工程领域工作的女性的偶像，最终得到了早就应得的认可。

▲ 艾达的数学能力让周围的杰出男性啧啧称奇

WI-FI之母

海蒂·拉玛

技术突破的背后

在大银幕上，好莱坞女星海蒂·拉玛（Hedy Lamarr）以惊人的美貌和表演天赋吸引了观众，但在拍摄空档期，她所研发的技术却在改变着世界。

1914年，海德薇·基斯勒（Hedwig Kiesler）（原名）出生于奥地利维也纳。年轻时她辍学从事演艺事业，先是去了捷克斯洛伐克，然后辗转好莱坞，在那里把名字改为海蒂·拉玛。尽管没有完成学业，她仍然对知识充满了热情，喜欢在工作室里鼓捣些小发明。她想出了一个改善交通信号灯的主意；发明了一种可以溶解在水中制作碳酸饮料的药片；在与航空大亨霍华德·休斯约会时，她帮他开发了一架竞速飞机。

然而，她最成功的发明是"跳频"通信技术。第二次世界大战爆发时，身为犹太人的拉玛无法心安理得地享受好莱坞的奢华生活，毕竟她的同胞在欧洲遭受着令人发指的迫害，所以她决定用智慧参战。

她从第一任丈夫、军火制造商弗里茨·曼德尔（Fritz Mandl）那里学得了大量关于武器技术的知识。她和朋友兼作曲家乔治·安泰尔（George Antheil）提出了一个革命性的想法，可以防止盟军的鱼雷遭到敌军拦截。

尽管他们早在1942年便获得了"秘密通信系统"的专利，但还是在美国海军那里吃了闭门羹。拉玛随后向美国国家发明家委员会提出分享自己的武器专业知识。

20世纪50年代，"跳频"通信技术最终被美军方采用，但由于她的专利已经到期，拉玛的前期贡献并未得到补偿。后来，"跳频"对无线通信的发展变得不可或缺，使如今我们每天使用的蓝牙和Wi-Fi技术成为可能，但她本人的经历仍然无人问津。

直到生命的最后几年，拉玛才因她的开创性发明而受到尊敬。在其身后，她还被请进了美国发明家名人堂。今天，人们终于用正确的方式打开了海蒂·拉玛的一生。她不仅是一位迷人的银幕明星，还是一位拥有奇思妙想的发明家。正是她的奇思妙想把如今每个人手中的小小屏幕连接到了一起。

时间轴

1914年
11月9日，海德薇·基斯勒生于维也纳。

1937年
海德薇与米高梅工作室签订合同，迁居好莱坞，更名为海蒂·拉玛。

1942年
拉玛和作曲家乔治·安泰尔获得秘密通信系统的专利。

▲"二战"期间,拉玛成为战争债券的代言人

关于拉玛的 5 件你需要知道的事……

1 整形外科的先驱
晚年的拉玛向外科医生提出一些新想法,即切开、折叠皮肤,以更好地隐藏疤痕。这一技术在美容领域得到了广泛应用。

2 为军队筹款数百万美元
遭到美国国家发明家委员会拒绝后,拉玛成为战争债券的代言人,为战争筹款,一夜之间便筹集700万美元。

3 花瓶角色
拉玛的美貌最终证明是一个诅咒。这位女星开始厌倦仅仅因为颜值而出演电影。她说:"任何女孩都可以令人着迷。只需站着不动,看上去傻傻的就行。"

4 "发明界奥斯卡奖"获得者
1997年,拉玛成为历史上第一位获得发明大会鲍尔比纳斯(BULBIE Gnass)精神成就奖的女性,该奖被称为"发明界奥斯卡奖"。

5 深居简出的隐士
在生命的最后岁月里,拉玛深居简出。然而,她每天都要花上7个小时和朋友"煲电话粥"。

1957年
拉玛的技术用于测定敌人潜艇的位置。

1962年
美国海军开始使用拉玛的发明技术。

1997年
电子前沿基金会授予拉玛和安泰尔工作先锋奖。

2000年
1月19日,拉玛因心脏病在美国佛罗里达州去世,享年85岁。

2014年
拉玛和安泰尔身后被请入美国发明家名人堂。

无线电之父

古列尔莫·马可尼

古列尔莫·马可尼的实用电报系统使无线通信的普及成为可能

古列尔莫·乔瓦尼·马可尼是意大利备受人们崇敬的著名发明家,也是开发无线通信和远程无线电传输的先驱。虽说人们经常认为马可尼是无线电发明者,但实际上他是一个精明的商人,试图在其他科学家的研究成果上开发出一种具有商业价值的远程通信方法。

马可尼从小就对电和物理兴趣盎然。詹姆斯·克莱克·麦克斯韦(James Clerk Maxwell)、海因里希·赫兹(Heinrich Hertz)和尼古拉·特斯拉等科学家都对他产生过影响。1894年,他读到了德国物理学家赫兹的著作,而正是赫兹开发出了在短距离内发送和探测电磁波的设备。年轻的马可尼看到了利用无线电波传输信息的潜力,于是开始研发一种远程系统来取代有线电报。

于是,马可尼在父亲的庄园里展开实验。在管家米格纳尼的帮助下,他在阁楼上造出了设备。很快,他就能短

▲ 在管家米格纳尼的帮助下,马可尼在意大利父母家的阁楼上开发了他的无线电设备

距离传输无线电波。接着他把实验转移到户外，进一步开发这项技术。他发现，增加天线的长度并垂直排列天线能扩大传输范围，结果他做到了在2.4千米的距离内发送和接收信号。

鉴于此，马可尼意识到实验的潜在商业价值。不过，意大利业已存在一个完善的电报系统，电线网络覆盖全国各地，他的资金申请被驳回。马可尼没有气馁，他动身前往拥有强大皇家海军的英国。他的想法是，英国或许会把他的发明应用于海上通信。马可尼设法获得了英国邮政总局

时间轴

1874 年
古列尔莫·马可尼出生在意大利博洛尼亚，父母是地主朱塞佩·马可尼（Giuseppe Marconi）和苏格兰-爱尔兰裔安妮·詹姆森（Annie Jameson）。

1894 年
开始研发一种使用无线电波的无电线传输信息的方法。

1896 年
前往伦敦，在那里得到了英国邮政总局总工程师威廉·普利斯（William Preece）的支持。

1899 年
实现了无线电信号跨越英吉利海峡。

1900 年
"调谐式无线电报"获得第7777号专利，以保护他的技术研发成果。

总工程师的支持，在其帮助下，向英国政府展示了他的技术。在英国的最初几年，他先是在陆地上、然后在海上逐渐提高了无线电传输距离。他的努力激发了国际社会的兴趣，在法国第一次建立了跨越英吉利海峡的电台。

随着技术不断完善，"马可尼房间"开始装配上船，其中包括一套无线电报设备，由此可以与陆地和其他船只进行通信。在皇家邮轮"泰坦尼克号"上的"马可尼房间"里两名无线电发报员发出了堪称有史以来最为著名的无线电信号："紧急遇险求救。'泰坦尼克号'位置北纬41.44、西经50.24。速来救援。撞上冰山，正在下沉。"

1937年，马可尼在罗马去世，享年63岁。国家为他举行了国葬。为纪念他在无线通信方面做出的巨大贡献，世界上所有广播电台静默了两分钟。

关于古列尔莫·马可尼的5件事

1 皇家关系
马可尼在维多利亚女王的皇家游艇上安装了无线电设备，以便她可以在旅行中与威尔士亲王、未来的爱德华七世取得联系。

2 受过教育但并非训练有素
马可尼没有接受过正规的科学训练，但他确实对物理学痴心不改。应母亲所求，他开始在物理学家奥古斯托·里吉（Augusto Righi）教授的指导下学习无线电波。

3 你准备好了吗？
1897年5月13日，首次跨越公海的无线电传输信息通过布里斯托尔海峡发送。这条信息只传播了6.4千米，内容是："你准备好了吗？"

4 高速莫尔斯电码
要想应聘马可尼的无线电报和信号公司无线电操作员，就必须能以每分钟25个单词的速度发送和接收莫尔斯电码。

5 幸免于难
马可尼本可以免费乘坐著名的"泰坦尼克号"，但启航3天前因有案头工作要做，他决定改乘"卢西塔尼亚号"（Lusitania）前往美国，由此躲过一劫。

1901年
成功将莫尔斯电码中的字母"S"穿过3380千米从大西洋传送到纽芬兰。

1909年
因对无线电报学的贡献，与卡尔·费迪南德·布劳恩（Karl Ferdinand Braun）一起获得诺贝尔物理学奖。

1912年
马可尼无线电被用来拯救"泰坦尼克号"上的遇险者，并将沉船遇险信号传递给"喀尔巴阡号"（Carpathia）。

1914年
第一次世界大战期间，马可尼在意大利军中，负责军队的无线电服务。

1937年
马可尼去世，享年63岁。意大利为其举行了国葬，所有广播电台为他静默两分钟。

进入太空第一人

尤里·加加林

出身贫寒的加加林创造了历史，
成为首位摆脱我们这个星球引力的地球人

劳拉·米尔斯

数百年后，当历史学家记载人类取得的最伟大成就时，尤里·阿列克谢耶维奇·加加林的名字仍将赫然在目，因为1961年4月12日，他成为进入太空的第一人，也是第一位环绕我们蓝色星球飞行的人，在大气层外停留了108分钟，然后一路颠簸返回地球。就距离而言，这也许不是一次"巨大的飞跃"，最高飞行高度仅为177英里[①]，但它点燃了探索太空的蓝色火炬，有朝一日，人类可能会往月球、火星甚至更远的地方移民。

进入太空并非加加林的唯一梦想。他的真正爱好是驾驶飞机，这是他小时候在第二次世界大战期间观看空中激战后萌生的想法。21岁时，加加林加入苏联空军，驾驶米格-15战斗机，不久便被招入苏联精英飞行队，接受宇航员培训，争当第一个进入太空的人。

1957年10月4日，苏联发射世界上第一颗人造地球卫星"斯普特尼克1号"（伴侣号）。1958年1月31日，美国发射了"探索者1

---

① 1英里约为1.6093千米。

身穿宇航服的尤里·加加林。这位年轻人乘坐苏联"东方1号"宇宙飞船进入太空

号"卫星。苏联在卫星发射方面居于领先地位，这在很大程度上要归功于他们的天才火箭工程师谢尔盖·科罗廖夫（Sergei Korolev）。"斯普特尼克2号"将第一个生物、名叫莱卡（Laika）的狗带进了太空。时至1961年，苏联已经准备好将人类送入太空。

当时身为空军中尉的加加林所面临的宇航员训练非常严酷。经过心理测试、侵入性医学检查、艰苦的体能训练以及在离心机中进行飞行所需的重力对抗练习，从全队20人中筛选出6人，最后只剩下加加林和格尔曼·季托夫（Gherman Titov）。最终，加加林被选中执行这次飞行任务。这得益于他5英尺2英寸（约159厘米）的矮小身材，因为他乘坐的"东方1号"飞船非常狭窄。

加加林平日开朗聪慧，脸上总挂着必胜的笑容，但在发射当天早上，他却异常安静，在执行创造历史的飞行任务之前陷入了沉思。他和也穿好宇航服的后备季托夫乘车前往拜科努尔航天发射场。现场矗立着高耸入云的R-7谢苗尔卡火箭，火箭顶部是"东方1号"。

待在舱内的加加林，除了细细品味这段经历外，别无他法。当火箭发动机点火，开始将这艘强大的飞船推离发射台时，加加林迎来了自己的"跃进"时刻。他对着无线电用俄语大喊："出发！"从那时起，这句话便成为苏联太空计划的非官方座右铭。

当"东方1号"在地球上空巡航时，加加林俯瞰着地球上的大陆和海洋、云层和山脉、森林和沙漠，第一次看到我们的地球不是由单个国家组成的世界，而是一个所有生命共享的星球。

将近两个小时后，到了返航的时间，但出现了一个问题。"东方1号"由两部分组成，一是狭小的返回舱，仅够绑缚在座位上的加加林就座，二是顶部的锥形推进舱。这两部分用缆绳连在一起，当返回舱开始下降时，缆绳本应断开，但缆绳却顽固保持连接，当返回舱向地球坠落时，推进舱不断撞击返回舱，对下降构成了威胁，直到重返大气层时产生的热量烧断缆绳，它们才最终分开。

最终，加加林在7千米的高空被弹射

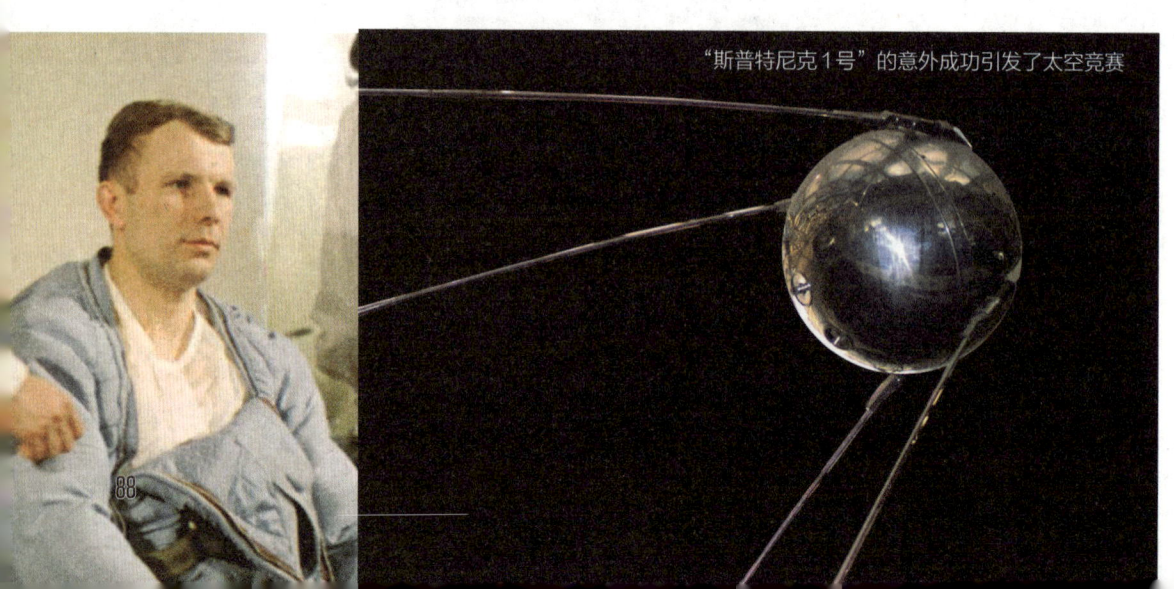

"斯普特尼克1号"的意外成功引发了太空竞赛

▲"东方1号"在升空前被推上发射装置

出来，然后跳伞。他降落在斯梅洛夫卡村附近，随后遇到了当地农民安娜·塔赫塔洛娃和她的孙女丽塔。她们疑惑地盯着他鲜艳的橙色飞行服和圆鼓鼓的头盔。安娜问加加林："你是从外太空来的吗？"加加林答道："没错儿，我确实是从外太空来的。"

1963年，加加林晋升上校，出任苏联宇航员培训部副主任。加加林警告过当局"联盟1号"存在严重技术问题，最终由于太空舱降落伞失灵，加加林的朋友、宇航员弗拉基米尔·科马洛夫不幸罹难。

既然不能飞向太空，加加林一心想至少能在低空中飞行。1968年，他再次开始驾驶米格-15战斗机。是年3月27日，加加林和副驾驶、教官弗拉基米尔·谢鲁金在能见度极低的恶劣天气中起飞。没过多久，飞机坠毁，加加林和谢鲁金双双遇难。官方报告称，加加林驾驶飞机撞上了一只鸟或气象气球，但最新调查认为，系通风口被卡住导致机舱减压。然而，也有说法称空中交通管制提供的信息有误，而对飞机的调查显示其高度计失灵，加加林在俯冲时可能没有意识到他离地面过近。

与此同时，飞机坠毁时就在附近的宇航员阿列克谢·列昂诺夫提出了另一种说法。他当时听到两声巨响，其中一声来自坠机，另一声是第二架喷气式飞机的音爆。据称在坠机前不久，空中交通管制确实在雷达上看到了第二架不明飞机。列昂诺夫推测，第二架飞机是超声速喷气式，在恶劣天气条件下飞行，其飞行高度低于应有高度，其音爆震碎了加加林的飞机座舱，导致他失去控制。

就这样，苏联乃至世界失去了一位宇航员，一位年仅34岁的英雄。他虽然只进行了一次短暂的太空旅行，但他却在浩瀚的宇宙留下了自己的印记，标志着人类跻身于星际之中。

文化巨擘

92
古希腊哲学

103
孔子

104
阿拉伯黄金时代的8个著名人物

114
法蒂玛·阿尔·菲赫利

118
古罗马建筑大师维特鲁威

122
作家和文字大师

128
9次不可思议的探险

138
内莉·布莱

大思想家

古希腊哲学

早期社会，人们通过讲述稀奇的故事来理解这个世界，随后哲学家接踵而至

在哲学家出现之前，人们一直以为人是万物中心。在古希腊人的想象中，神和人并无二致，无非拥有超凡能力而已。他们彼此总是争斗不休，充满戏剧性，宛若一部宇宙"肥皂剧"。然而，随着哲学的到来，这种看法开始发生改变。哲学家在探索中意识到，人类只是一个宏大体系的组成部分，且不一定是最重要的构成。他们在追问人类在缥缈的宇宙中身处何方、世界及其组成部分的构成以及是如何形成的。他们发现，编造的故事不再足以解释自然的本质，专门的研究和推理是找到真正答案的唯一路径。

哲学家的拷问把自己带入了众多令人眼花缭乱的盲道和死胡同，但他们所触及的许多议题都惊人地准确，为追随他们的一代又一代的思想家铺平了道路，为我们现在所知晓并仍在研究的一切奠定了基础。他们并不总能给出正确的答案，但他们问出了很多正确的问题，而这些问题往往比答案更加重要。

前苏格拉底时代的哲学家生活在苏格拉底本人之前，或至少不晚于公元前5世纪。他们是第一批采用新的方法来研究宇宙学，即世界本质和秩序以及可能的起源（天体演化学）的哲学家。

顾名思义，米利西亚（Milesian）学派起源于古希腊米利都（Miletus）城邦的哲学家们。他们推崇的是，生活中的所有事物都是基于一种单一物质而产生的，尽管他们对这种物质到底是什么看法不一。对哲学家泰勒斯（Thales）来说，世界的本原是水。

以弗所（Ephesian）学派支持赫拉克利特（Heraclitus）的结论，即火是本原，或者至少是类似的东西。根据这一学说，一切都在"燃烧"，每一种"形式"都不断地与对立面进行互动，使宇宙处于一种永恒的变动不居状态。

埃利亚（Eleatic）学派的观点与埃利亚哲学家巴门尼德（Parmenides）的一脉相承。他们的注意力集中在思考行为本身上。巴门尼德推断，实际、客观和一直存在的东西与我们对现实的感知之间一定存在脱节。变化是一种错觉。任何存在的事物一定早就存在，因为不存在的事物根本就不存在！

多元论学派则努力解决复杂概念，试图将它与死亡和毁灭等这样的大事统一起来。哲学家恩培多克勒（Empedocles）认为不存在并不可能，主张物质可无限组合和循环，这也包括转世的概念。

阿那克萨戈拉（Anaxagoras）相信，一切事情确实都永远存在，由无数个难以想象的小单位组成。阿那克萨戈拉的思想反过来又影响了原子论学派。该学派宣称微小原子是所有物体隐藏的成分，甚至连灵魂这样的形而上概念也不例外。

以毕达哥拉斯（Pythagoras）名字命名的毕达哥拉斯主义认为数字是现实世界的基础，因为一切事物都可以用数来加以界定。他发现不同长度比的竖琴琴弦可以演奏出和声，据此他推断星体数量与和谐之间也存在类似关系，当它们在天空中移动时会奏出"星球之音"。

然而，哲学并非只关乎宇宙。比起深奥艰涩的对现实本质的讨论，哲学家更关心的是人。正如普罗泰戈拉（Protagoras）所说："人乃万物之标尺。"人类行为没有放之四海而皆准的圭臬。作为个体的人，应当依据社会和政治环境行事，给自己和他人带来最大的利益。

以上这些学派都为苏格拉底、柏拉图和亚里士多德的古典哲学奠定了基础。人们普遍认为，是苏格拉底将哲学纳入了他那个时代雅典的主流话语体系。柏拉图步其后尘，以其著名的对话和辩论形式对苏格拉底的许多观点进行了传播。亚里士多德是柏拉图学园的学生，但他另辟蹊径，极端重视从经验观察而非高度推理中获得真知。

接下来是希腊哲学的时代，一直持续到公元前30年前后罗马帝国的肇兴。"Hellenistic"一词源于"Hellas"，意思是希腊。和学园学派一样，他们往往更关心日常生活，而不是宇宙的质料。

公元前3世纪季蒂昂（Citium）的芝诺（Zeno）创立的斯多葛主义限制个人欲望，接受生活抛给个人的一切。斯多葛学派认为，导致判断错误的情绪反应毫无意义，因为自然事件无论如何都无法控制。

怀疑论鼻祖埃里斯（Elis）的皮浪

（Pyrrho）主张悬搁判断。人们不能相信自己的感觉，也永远不能确定任何事情的真相，只能有想法，而这些想法总是具有可争议性。这是学园学派的一个分支，其信条是人们经常犯错，认为是正确的东西可能根本不正确。

诸如第欧根尼（Diogenēs）和安提斯泰尼（Antisthenes）等激进的犬儒主义追随者摒弃没有价值的社会习俗和物质生活。他们认为，只有摆脱社会束缚，才能实现头脑清明。第欧根尼说："坏人听命欲望，正如仆人服从主人。"

以创始人伊壁鸠鲁（Epicurus）名字命名的伊壁鸠鲁学派虽然表面上寻求快乐，但实际上是为了规避痛苦，而这两者之间截然不同。与斯多葛学派大同小异的是，伊壁鸠鲁学派认为，以正确的态度面对生活对实现内心宁静十分重要。迷信思想会导致不必要的焦虑，应该加以避免。伊壁鸠鲁认为，即便有神明，他们也不会在意我们做了什么。

折中主义相信不同哲学体系大同小异，应当求同存异。阿斯卡隆（Ascalon）的安条克（Antiochus）是这一学说最早的拥趸之一。他强调怀疑论论点中的矛盾之处，指出不能断言没有什么可以被断言，或证明没有什么可以被证明。只能说不同学派的学说各有千秋。

最后绕不开的是直到19世纪才创造出来的语汇新柏拉图主义。与其说它是一个历史术语，还不如说是一个明晰的哲学派别。新柏拉图学派可以追溯到埃及哲学家普罗提努斯（Plotinus），初衷似乎是继续弘扬柏拉图和亚里士多德的教义。但渐渐地，波斯和印度哲学融合进来，成为一种基于"太一"概念的宗教哲学，认为宇宙由此生发出来。

后来，从罗马帝国初期直到中世纪及以后时代，单一神概念开始深入人心，极大地左右了哲学的发展。思想家们也开始转变注意力，试图达成理性与信仰的和解。

新柏拉图主义认为邪恶源于人类的原罪，或者仅仅因为善的缺失。这一学说影响了早期基督教神学家希波的奥古斯丁

▲ 新柏拉图式的思想影响了希波的圣奥古斯丁

▲ 赫拉克利特认为，一切都是不同的同时又是相同的，就像一条河，即使河水不断变化但仍流淌在同一条河流之中

（Augustine of Hippo，354—430）。千年之后，意大利神学家圣博纳旺蒂尔（Saint Bonaventure）和随后的意大利文艺复兴都证明了这一认识的重要意义。几个世纪以来，新柏拉图主义在哲学和宗教之间搭建了一座重要的桥梁。

不过，16、17世纪的原子论学派揭示了哥白尼和伽利略的开创性科研工作，以及弗朗西斯·培根爵士和托马斯·霍布斯（Thomas Hobbes）的哲学研究成果，进而重新燃起了人们的兴趣。事实上，虽然对如今有些学派语焉不详，但几乎所有的古希腊哲学至今仍能引起公众的兴趣，与当

▲ 弗朗西斯·培根爵士（1561—1626）一度认为自己是原子论者

▲ 古希腊是色诺芬尼（左）和皮浪（右）等哲学思想家的理想试验场

下的生活有着某种联系，人们仍在探讨它们这一事实本身就说明，它们或许古老，但许多世纪逝去后，它们依旧能引领我们以新的思维方式看待身边的世界。

然而，古希腊哲学并不像独立学派那样来得直截了当。一些怀疑论者不但关心实际知识，也关注精神信仰。他们认为，只要没有获得知识，就不能真正确认任何事情。事实上，希腊早期思想家色诺芬尼（Xenophanes）曾提出过一个著名论断：即使有人说了一些真话，他也不会知道这一点，因此一切都只是信仰而已。

在希腊语中，"skepsis"的意思是"调查"。怀疑论哲学家认为自己是调查者，活着就是为了调查。他们的核心概念是信仰、悬搁判断、真相、表象，以及如前所说的调查。他们的目的是找到现实和表象、知识与信念、具象同非具象之间的细微区别。

公元前266年，在阿塞西劳斯（Arcesilaus）主持下，柏拉图学园开始转向怀疑论研究，尽管他并没有说自己就是怀疑论者。他看重苏格拉底调查一切、探究人类的信仰。这标志着学园怀疑论的诞生。

在某种程度上讲，学园怀疑论诞生于柏拉图的作品之中，灵感来源于柏拉图对话中的苏格拉底。怀疑论者的目标是对抗

▲ 从这幅1880年创作的木刻作品中可以看出,古希腊哲学家在数千年后仍然受人敬仰

教条主义。

学园怀疑论者的辩论方式也与当时的其他人有所不同。他们不会明示自己的立场，而是声称他们的信仰不一致，因此无法证明他们的知识主张是正确的。他们学说的全部内涵在于，知识是可能的。

然而，学园怀疑论并没有随着古希腊的衰落而消亡。生活在公元前1世纪的著名罗马演说家西塞罗（Cicero）从年轻时就认为这种思想有道理并一以贯之地秉承下来。后来，学园怀疑论者开始关注争论双方的看法，理性的想法占了上风。长于雄辩的西塞罗在公众演讲时无疑将其发挥到了极致。

另一种怀疑论学派是由埃里斯的皮浪创立的皮浪怀疑学派，热衷于提出复杂的解释性问题。人们常常把皮浪视为古代怀疑论的创始人。他认为悬搁判断的人都是智者，提出了一种中间立场，即接受事物本来面目，而不作进一步引申。皮浪的思想影响深远，一直到17世纪仍在左右着人们的哲学思考。

据我们所知，除德谟克利特和前文提到的色诺芬尼外，早期希腊思想家鲜有持怀疑论者。色诺芬尼曾提出这样的观点：所有关于神的概念都是拟人化表现，与文化息息相关。希腊人崇拜希腊神，埃塞俄比亚人崇拜埃塞俄比亚神，如果马有手，它们肯定也会画出看起来像马的神。

色诺芬尼并非唯一一个念及众神的人。公元前3世纪初叶，马其顿国王卡山德（Cassander）的朋友尤赫梅鲁斯（Euhemerus）创作了《神圣铭文》（*Hiera Anagraphe*）。这部作品把小说、政治乌托邦主义和神学有机结合起来，描绘了一次想象中的印度洋航行，在那里他发现了潘查亚（Panchaea）岛。岛上牧师和工匠，农民，士兵和牧羊人3个清晰的社会阶层令他叹为观止。他还在偶然间看到一座供奉宙斯的神庙。

在神庙里，他发现了这个故事由此得名的神圣铭文。铭文写道，宙斯、其他神明和他们的祖先都是凡人。他们因为自己的成就而受人崇拜，这就是尤赫梅鲁斯想要提出的思想——神并非因为是神而被人信奉。他认为神话和传说都是伪装的历史，而神话即历史论（Euhemerism）就是以他的名字命名的。鉴于他的思想，人们认为他是一个无神论者。

还有一些人把神话和历史混为一谈。公元前1世纪的狄奥多鲁斯·西古鲁斯（Diodorus Siculus）出生在西西里岛，是一位研究古希腊历史的作家。他用拉丁语和希腊语叙述希腊历史，从神话时代一直写到恺撒的首个执政官任期。他的笔触涉及特洛伊战争和亚历山大大帝。然而，尽管他把古希腊神话的起源写进历史，但柏拉图和其他希腊思想家从古埃及人那里收获智慧的观点仍为他所力挺。

当然，还有罗马哲学家。在后来的罗马帝国，著名哲学家拉克坦提乌斯（Lactantius）成为君士坦丁大帝的顾问。拉克坦提乌斯遗存下来的有关于上帝和基督教的著述。他是两者的虔诚信徒。事实上,由于这些著述,史上文艺复兴时期的人文主义者称其为"基督徒西塞罗"。古代世界已经开始进行经文解注(hermeneutics),尽管经文解注的说法直到17世纪才出现。该称谓是柏拉图在谈论诗人时使用的一个希腊词,但直到启蒙时代,人们才将其归于哲学派别。诠释学过去和现在都在对文本作出解释。古希腊有寓言、宗教和逻辑3种不同的诠释学视角和方法。寓言和宗教方面的解释主要涉及《圣经》,逻辑可能是当时古希腊人最常使用的诠释方法。

正是随着斯多葛学派的出现,后中世纪的哲学家才在古希腊世界特别是亚里士多德和柏拉图的著作中发现了很多诠释学例子。亚里士多德的《诗学》《修辞学》《辩谬篇》和柏拉图的《克拉底鲁篇》《离子》《共和国》等都对辩论、演讲和诗歌的呈现提出了质疑,从而将它们归入诠释学范畴,尽管它们不一定涉及对文本和知识的解读。这在柏拉图有关苏格拉底的著作中体现得尤其明显。它们凸显了人们对拥有民主社会的关注。

社会正义思想在亚里士多德《解释篇》中也同样显而易见。据一位现代学者的说法,《解释篇》探究了古希腊解读意识的起源和有效性。通过简要回顾亚里士多德可以看出,尽管17世纪思想家或许首开诠释学研究的先河,但正是柏拉图这位最知名的弟子写出了有关这一主题的第一篇存

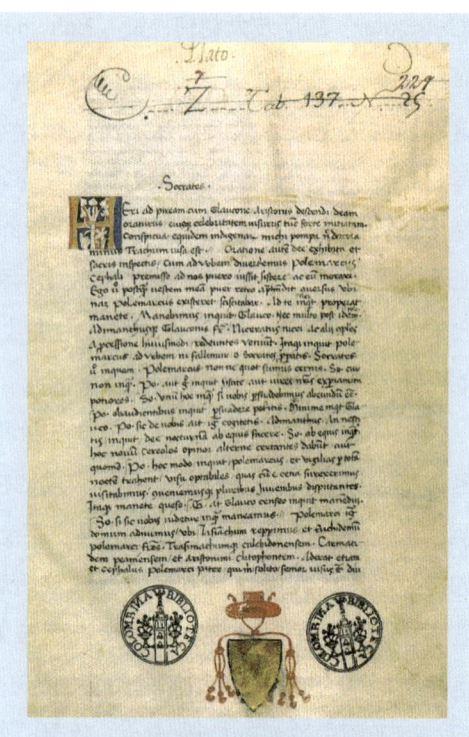

柏拉图的《共和国》

堪称柏拉图最著名的作品《共和国》概述了他心目中完美政府的理念。它以同苏格拉底等的一系列对话形式,对正义的意义和现有城邦进行了探讨,并就理想城邦提出自己的假设。

在柏拉图看来,政府是必要的,因为人们并非都完美无瑕,有些人从根本上就比其他人好。他把人分为两类:一种意志较弱,屈服于自私欲望,另一种正直坚强,恪守柏拉图的向善理想。他还提出一个有凝聚力的三层社会结构,即统治者、士兵和商人。

意料之中的是,由于哲学家们德性向善,对思想和形式理解透彻,因此他们处于上层;士兵也同样品行端正,但他们更喜欢行动,而不是深思;商人则是贪婪好色之徒。

柏拉图将他的理想城邦称为卡利波利斯(Kallipolis),认为它代表了民主和暴政之间的新的第三条道路。他确信,哲学家们的治理是会为多数人而非少数人谋福祉。

世论文。文中他对口语和文字如何表达一个人的内心世界进行了探讨。

总而言之,诠释学思想家过去和现在都认为,诠释是将局部整合成有意义整体的解释行为,将事物置于像我们的生活这样更大的语境中会赋予一切以更大的意义。

古希腊哲学的每一个流派对现在和那个时代的哲学家同等重要。由于在此期间发生的如席卷欧洲的文艺复兴和启蒙运动等重大历史事件,并最终在更广泛的世界中产生了影响,古希腊学派和理论才有了更广泛的受众。这意味着更多的人能够互动,就他们认为的真相展开辩论。

柏拉图式理想主义

对柏拉图来讲,思想真实存在。它塑造了我们周围世界的"形式"。这些形式是世界上存在事物的完美例子,而我们在日常生活中遇到的只是并不完美的副本。例如,你的脑海里可能有一棵高大挺拔橡树的完美形象。这就是形式,而当地公园里旁逸斜出的橡树则是现实。再比如面包店里的一排面包。面包本身是现实,但制作它们的面包机则是形式。

柏拉图认为,每个人生来就对世界形式有天生的理解,但随着年龄的增长,这种理解会变得模糊不清。人们可以通过逻辑推理来诠释这些形式,旨在"记住"我们从未经历过的事情,从而证明灵魂的不朽。

那么,哲学家的任务就是走向形式世界,而不是趋从不完美的现实世界,去辨别思想,让人们的生活和思想与形式世界趋同。这是一个宏大愿景,因为过于完美而难以实现,但是目的地终究不如旅程重要。

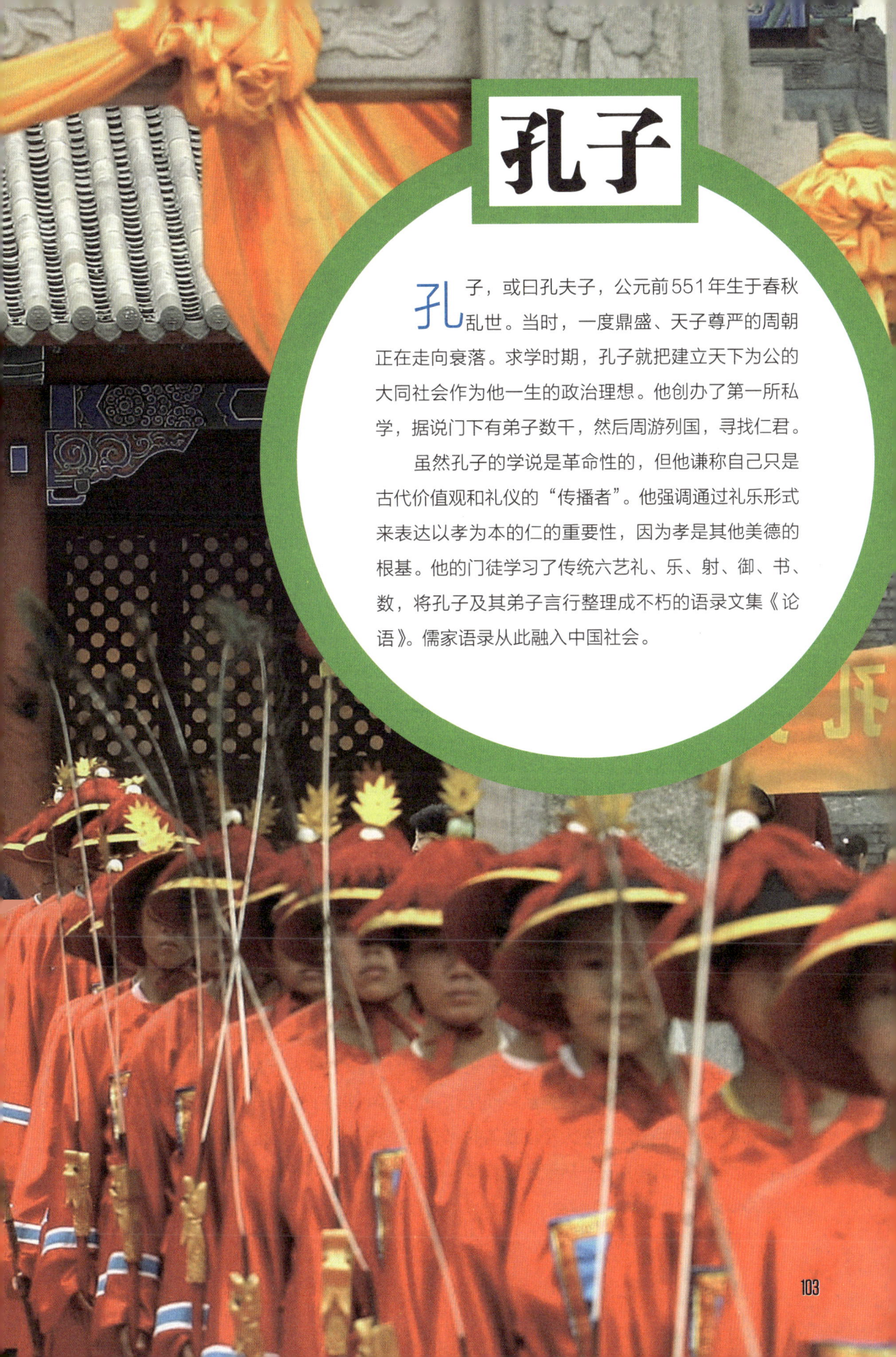

孔子

孔子，或曰孔夫子，公元前551年生于春秋乱世。当时，一度鼎盛、天子尊严的周朝正在走向衰落。求学时期，孔子就把建立天下为公的大同社会作为他一生的政治理想。他创办了第一所私学，据说门下有弟子数千，然后周游列国，寻找仁君。

虽然孔子的学说是革命性的，但他谦称自己只是古代价值观和礼仪的"传播者"。他强调通过礼乐形式来表达以孝为本的仁的重要性，因为孝是其他美德的根基。他的门徒学习了传统六艺礼、乐、射、御、书、数，将孔子及其弟子言行整理成不朽的语录文集《论语》。儒家语录从此融入中国社会。

阿拉伯黄金时代的8个著名人物

中世纪阿拉伯先哲为医学和数学等做出了巨大贡献

杰姆·都都古

自8世纪欧洲逐渐进入黑暗时代开始，阿拉伯世界在哲学、科学和数学方面表现出色。这一时期史称阿拉伯黄金时代，恰逢阿拔斯王朝（Abbasid Caliphate）的崛起。750—1258年，阿拔斯王朝在巴格达（今伊拉克境内）统治着大部分阿拉伯世界。位于欧洲和亚洲之间核心地带的巴格达，成为贸易枢纽和杰出思想交汇中心。这座城市的学者将古希腊、古罗马以及波斯、印度和中国的典籍翻译成阿拉伯语。然而，阿拉伯思想家并不是简单地保存或模仿这些伟大的作品，而是将它们发扬光大，取得了令人难以置信的成就，同时将它们传播——从现代巴基斯坦到西班牙。

今天，许多我们认为理所当然的概念都源于阿拉伯黄金时代。例如，大多数以"al"开头的数学和科学词汇，比方说代数（algebra）、大陵五星座（Algol）、化合物碱（alkali），以及酒精（alcohol）。就连我们的计算方式也要归功于阿拉伯数学家。罗马数字中原本没有0。它在印度被发明后由阿拉伯数学家传播到西方。英语单词"zero"（零）也来自阿拉伯语"sifr"，进而出现了单词"cipher"（零；无价值的东西）。

13世纪，这一黄金时代画上了句号。然而，有关这个时代的许多东西在更广泛的文化中幸存下来。自11世纪，学者开始将这些著作从阿拉伯语翻译成拉丁语，供欧洲人研读。下面，我们将向您介绍8位著名人物。他们对世界的影响历经千年，仍然历久弥新。

阿布·卡西姆 936—1013年

中世纪伟大的外科医生

阿布·卡西姆（Abu al-Qasim）生活在安达卢斯（Al-Andalus）地区，今西班牙中南部。正是在这里，卡西姆实践了新的医学形式，研究成果收入其30卷杰作《医疗方法》（*Kitab al-Tasrif*）中。这套书是包含医学知识、实验和临床实践等的百科全书式经典。

卡西姆是第一个观察到血友病具有遗传性的人，同时他还设计了新的手术器械，如清创器械、尿道检查和清除肾结石器械等。

当对头部伤口的处理还停留在任由其自行愈合或恶化阶段时，卡西姆对治疗产生了浓厚兴趣。在不造成感染的情况下清除大脑中的液体，即使对现代医生来说也是一个挑战。他的做法与英格兰的盎格鲁-撒克逊人流行放血的时间同步。当时放血司空见惯，如果病人流血过多，人们甚至可能会用马粪堵住伤口。

这并不是说他在书中所写的一切都合理。在《医疗方法》中有一章节涉及化妆和化妆品。用他自己的话来说，他认为这些是"美容之药"。

贾比尔·伊本·海扬 约721—约815年

这位波斯炼金术士的研究以实验为本

博学的波斯人贾比尔·伊本·海扬（Jābir ibn Hayyān）著作等身，有近3000篇（部）论文、文章和专著，涉猎主题从音乐、医学到语法、几何，不一而足。有学者认为如此数量令人生疑，恐怕其中只有半数可以归到他的名下。即便如此，也足以表明贾比尔的影响。

贾比尔发明了包括蒸馏器在内的20多种实验室设备，记述了蒸馏葡萄酒和硫酸的具体过程，将元素分为不同类别，进而为元素周期表奠定了基础。最为重要的是，他在研究中始终强调实验的重要性。

贾比尔去世后，其著作残卷署名拉丁化名字Geber（贾比尔）在欧洲出版。这部《完美之和》（*Summa Perfectionis Magisterii*）成为中世纪关于炼金术的名著。虽然贾比尔确实在努力寻觅一种可以让人长生不老的魔法石，但他与后来许多欺世盗名的江湖骗子截然不同。

阿尔·花剌子模 约780—约850年

手摘星辰的数学家

大约在820年，穆罕默德·伊本·穆萨·阿尔·花剌子模（Al-Khwarizmi）被任命为天文学家和巴格达智慧之家图书馆负责人。如此殊荣，按今天的话来讲相当于同时获得诺贝尔文学奖和物理学奖。正是他的专著《还原与对消计算纲要》（即《代数学》），在数学能力方面将其提升到堪比欧几里得的地位。他在书中首次提出线性和二次方程的解法。正是阿拉伯数字而非拉丁数字使更为复杂的数学计算成为可能，进而助推其他科学领域的研究。他的另一部力作《天文历表》是阿拉伯天文学的一个转折点。在花剌子模出现之前，阿拉伯天文学家只能翻译他人著述，但如今他们有了自己的发现。

▲ 阿尔-法拉比涉足科学领域，是那个时代最伟大的思想家之一

法拉比　约872—950年

一位功不可没的学术守护者，人称"第二导师"

　　文艺复兴时期重新发现的罗马人和希腊人的著述并非由教会组织译成拉丁文后保存下来。事实上，许多哲学、数学和科学杰作都由阿拉伯学者翻译后才得以广泛传播。欧洲译本的翻译底本实际上来自阿拉伯语，而不是原著的希腊语和拉丁语。

　　这些阿拉伯学者中最多产的一位是阿尔-法拉比（Al-Fārābī），在西方也被称为阿尔法拉比乌斯（Alpharabius）或阿文纳萨尔（Avennasar）。他不仅翻译典籍，还以概念为基础撰写相关典籍的论文，尤以关于亚里士多德思想研究的论文为佳。他可以说是一个新柏拉图主义者。当西方学界热衷于誊写《福音书》时，他则在东方奋笔疾书着哲学著述。

　　对阿拉伯学者来说，亚里士多德被誉为"第一导师"，足见这位思想家在阿拉伯世界的地位。由于阿尔-法拉比对亚里士多德思想的研究，人们将其称作"第二导师"。

阿尔·哈利勒 约718—791年

第一部阿拉伯语词典编纂者

阿尔·哈利勒·伊本·艾哈迈德（Al-Khalil ibn Ahmad）专攻阿拉伯语，在该语言标准化方面发挥了重要作用。拉丁语是中世纪欧洲的通用语，而阿拉伯语是中东的共同语言。然而，由于地区差异很大，语言上的歧义不可避免。在英国作家塞缪尔·约翰逊（Samuel Johnson）编写著名的《英语大辞典》之前约1000年，阿尔·哈利勒便出版了第一部阿拉伯语词典。这或许是人类有史以来第一部词典。阿尔·哈利勒所论述的诗歌韵律为后世阿拉伯语和阿拉伯语诗人所沿用。

由于阿尔·哈利勒对规范阿拉伯语所发挥的作用不可或缺，生前他的名字在阿拉伯世界便家喻户晓。此外，才华横溢的他还精通天文学、数学、伊斯兰法和音乐作曲。他还编写了一本关于密码学的书《代码和密码研究》。从古希腊时期起，人们就采取加密方法来隐藏信息，但正是由于"现代"阿拉伯数学和数字的发展，密码的复杂性才取得了突破。

▶ 矗立在伊拉克巴士拉的阿尔·哈利勒雕像。据称他在那里去世

阿维森纳 980—1037年

硕果累累的波斯博学大师

伊本·西纳（Ibn Sīnā），西方人称阿维森纳（Avicenna），是一名医生、天文学家和作家。据说他一生创作了大约450部作品，其中约240部存留至今。在钻研哲学过程中，何为人的本质是阿维森纳思考的重大命题。他将其分为本质（Mahiat）和存在（Wujud）。在寻找真相的过程中，他援引了苏格拉底、柏拉图和亚里士多德的观点，从而导致一些人对他颇有微词，但对此他不予理会。

他的《治疗论》的标题相当具有误导性，因为该书与医学毫无关系。它分为4个部分，包括逻辑、自然科学、数学（算术、几何、天文学、音乐）和形而上学。尽管如此，人们仍然记得阿维森纳的医生身份。他编写过一部5卷本的医学百科全书《医典》，其中提出的细菌理论在1000年后为医学机构所接受。直到18世纪，它一直是阿拉伯世界和欧洲的标准用典。

伊本·海瑟姆 约965—1040年

明察秋毫的科学家

伊本·海瑟姆（Ibn al-Haytham）的研究领域是数学、天文学和物理学。他认为，假设必须通过基于可确认的程序和/或数学证据实验的可观察结果来加以证明。这正是科学研究应有的方式，如今人们称其为"科学方法"，而伊本·海瑟姆的卓见比欧洲文艺复兴时期的科学家早了500年。

《光学宝鉴》是伊本·海瑟姆的一部力作。当时，关于光和眼睛的工作原理有两种不同的学说。伊本·海瑟姆通过实验证明，光以完美的直线传播，而眼睛只对进入视线的光有反应。他还发明了一种暗箱照相机。这种成像原理中国早已掌握，只是还没传到欧洲而已。

伊本·海瑟姆还撰写了《拷问托勒密》一书，运用科学方法和观察所得对其成果进行剖析和批驳。由此可见，人们将伊本·海瑟姆视为当时科学第一人也就不难理解了。

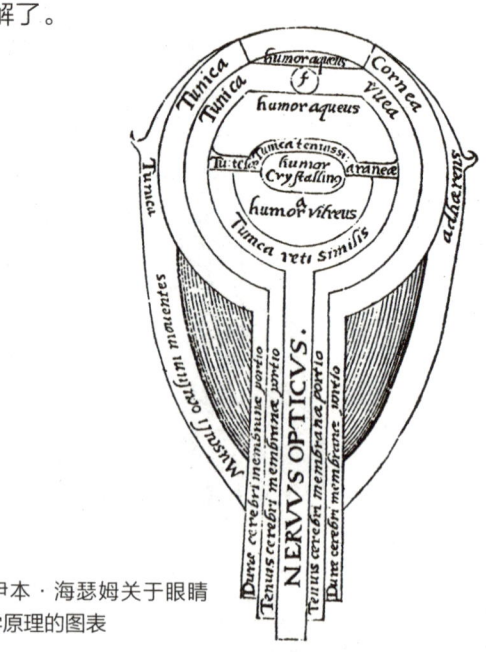

▶ 伊本·海瑟姆关于眼睛光学原理的图表

伊本·巴图塔 1304—约1377年

用脚步丈量世界的探险家

说到伟大的探险家，人们肯定会想到意大利人马可·波罗，不过，他的冒险经历与伊本·巴图塔（Ibn Battuta）的相比却相形见绌。他多年的旅行经历全都在其《献给向往城市奇观和旅行奇迹的人》①一书中呈现出来。书中描述了他从摩洛哥远涉现在的沙特阿拉伯，最初是想去麦加朝觐，原本旅行大约耗时一年半，但事实上直到25年后他才重返故土。

在完成朝觐之旅后，伊本·巴图塔到访了埃及，然后是中东，参观了巴格达。在那里，他向东穿过波斯，最终抵达中国。他的足迹还遍及菲律宾、印度尼西亚、越南、印度和非洲之角。后来，他向西进入西班牙。据说他一生旅行了75000英里（约12万千米）。

---

① 又译《伊本·巴图塔游记》。——译注

法蒂玛·阿尔·菲赫利

走进世界最古老大学卡鲁因，
探究这位杰出阿拉伯女性的人生

乔安妮·萨马雷

世界最古老大学卡鲁因（Al Qarawiyyin）不仅见证了阿拉伯黄金时代，也证明了无名英雄法蒂玛·阿尔·菲赫利的远见卓识。在男性主导世界学术界之时，一位阿拉伯女性却资助和设计了有史以来第一所高等院校。

法蒂玛的父亲穆罕默德·本·阿卜杜拉·菲赫利是富甲一方的商人，来自当时的突尼斯首都凯鲁万（Qayrawan）。然而，在9世纪初，他们背井离乡举家逃往古城菲斯（Fez）。父亲希望两个女儿法蒂玛和玛丽亚姆能够得到良好的教育。

在菲斯，法蒂玛和妹妹积极参加有关伊斯兰法律和哲学的讨论。随着兄弟、父亲以及法蒂玛丈夫相继离世，姊妹俩一次又一次地悲痛欲绝，最终决定把他们的遗产悉数捐出，兴办实业。环顾新兴都市菲斯，她们发现市场鳞次栉比，街道蜿蜒起伏，人们从凯鲁万和安达卢西亚等地蜂拥而至。

由山谷将繁华区一分为二的菲斯，是

法蒂玛有一个愿景,即建造北非最大、最壮观的清真寺。她最终获得了成功

一个繁荣的艺术和文化中心,但缺少清真寺来满足不断增长的人口所需。两姊妹决定出资各自建造一座清真寺。玛丽亚姆负责修建大安达卢斯清真寺,法蒂玛则自告奋勇,主持营造北非最大、最壮观的清真寺,并以她眷恋的家乡名字将其命名为卡鲁因清真寺。她就地取材,以拉动城市经济,改善居民生活。为优化施工流程,她为工人挖了一口井,还聘请了顾问。踌躇满志的她对工程做了精心设计,其中包括一个圣龛、4根柱子、一个小庭院和一座低矮的尖塔。

随着卡鲁因清真寺的迅速发展,它已不仅仅是一个典型的礼拜场所。结合自己的教育经历,法蒂玛试图建立一个学习中心。859年,卡鲁因清真寺竣工,正式成为高等教育中心和学习中心,比欧洲牛津大学和博洛尼亚大学早了两个世纪。

法蒂玛邀请科学家们举办工作坊,与来自摩洛哥各地的年轻学生分享他们的知

▲ 这所大学已经发展了1000余年，办学规模不断壮大

识，还聘请科学、天文学、人文、语言、医学和算术领域的跨学科教师授课。开始是本地区、后来是世界各地的学子纷至沓来，到卡鲁因学习。

12世纪，卡鲁因清真寺不仅成为非洲最重要的教育机构，而且成为世界智识主义的主要中心之一。由于求学需求飙升，学子必须经过考试才能获得入学名额。学生们可在此学习宗教、科学和人文学科。

1349年，卡鲁因大学建起一座图书

里卡努斯（Leo Africanus）和伊本·路世德（Ibn Rushd），前者在被教皇奴役期间撰写过关于该地区的文章，后者（又称阿维罗伊）是亚里士多德的著名诠释者。路世德的著述非常深刻，研究亚里士多德的欧洲人首先要将其阿拉伯语著作先译成拉丁语来研究。后来成为教皇西尔维斯特二世的奥利亚克的热贝尔，在将阿拉伯数字和零的概念引入欧洲其他国家之前（此前已由阿拉伯人引入西班牙），曾在卡鲁因学习。

今天，卡鲁因大学继续发挥着作用，将知识的火焰一代一代地传递下去。法蒂玛以慷慨女性赞助人的身份让卡鲁因清真寺华丽转身成为高等教育的诞生地。

馆，很快便收藏有5600多份价值连城的阿拉伯语手稿，其中包括伊本·赫勒敦（Ibn Khaldun）所著五卷本《历史绪论》。这所大学将菲斯变成世界重要的教育中心之一，在阿拉伯世界和欧洲之间搭建了一座桥梁。除伊本·赫勒敦外，它最著名的访客和校友还包括北非学者利奥·阿夫

古罗马建筑大师维特鲁威

认识一下这个集萃古代建筑知识之人

凯瑟琳·马什

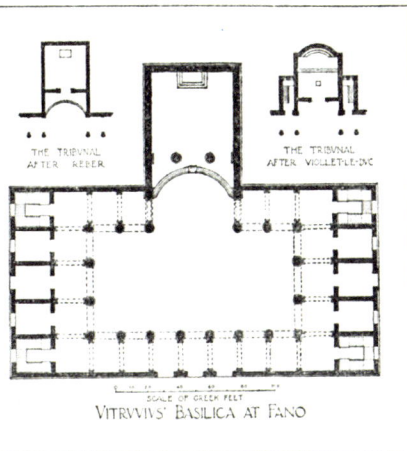

▲ 1521年出版的意大利语版《建筑十书》，由16世纪意大利画家、建筑师和建筑理论家塞萨尔·塞萨里亚诺（Cesare Cesariano）翻译并绘制插图

说到建筑，希腊人和罗马人的高超技艺众所周知。一座座古城的遗迹至今犹存，欧洲各地的教堂令人艳羡。它们曾经是神明的崇拜地，现在则是早已消失但未被遗忘的文明纪念碑。这些奇迹背后的建筑师在哪里？那些露天剧场、集会场所等的设计者又在何方？他们中大部分人的名字已随风飘散，但有一个名字却为人们所铭记，而且确实值得铭记。

马库斯·维特鲁威·波利奥，更广为人知的名字是维特鲁威，生活在古罗马历史上的关键时期。他出生于约公元前90年，经历过连绵内战和罗马共和国的谢幕，在屋大维·奥古斯都元首制根深蒂固之际去世。他是一名军事工程师和建筑师，公元前58—前51年，在最著名的罗马人尤利乌斯·恺撒麾下服役。这使他有机会环游地中海，在希腊、亚洲、北非和高卢（现代法国）度过了一段时间。这些旅行丰富了他写作所需的一手经验。

维特鲁威的专著《建筑十书》（De Architectura）将建筑历史和其个人的建筑经

验有机结合，独树一帜，独辟蹊径，是古代唯一幸存下来的同类典籍。它试图运用科学、数学、几何学、天文学、医学、气象学和哲学来回答建筑到底是什么的问题。维特鲁威探讨了建筑对使用者的影响，提出建筑师应该具备的知识。书中还论述了砖、沙子、石头和木材等建筑材料的起源，对比了多利克柱式、爱奥尼亚柱式和科林斯柱式之间的差异。

《建筑十书》中令人记忆犹新的是维特鲁威对建筑3个关键品质的论述：它们必须坚固（强度）、实用（功能性）和优美（美观性）。前两个概念显而易见，但引发最多讨论的是后者。维特鲁威关于美的观念与人体交织在一起。他认为，可以将人体比例视为自然完美比例的样板。但如何去仿效呢？

"理想"人体以圆形和正方形为基础。后来，达·芬奇将这一想法推而广之，它显示了完美的几何形状和人体之间的联系。人体就像一本鲜活的规则手册，应用的是自然法则，建筑必须重塑这种法则，以营造一种自然感或优雅愉悦的氛围。

《建筑十书》分为10本，囊括了维特鲁威的个人经历和前人经验。他利用公元前2世纪阿拉班达的赫莫杰尼斯（Hermogenes of Alabanda）的叙事，讲述了阿基米德在浴缸里的著名故事。事实上，这是我们所知道的这个逸事的唯一现存来源。但《建筑十书》不单是一本古罗马建筑指南。它的影响贯穿了中世纪欧洲，现存最古老的副本可以追溯到8世纪。1486年，首次在罗马印刷出版，其影响持续不断，对20世纪建筑专业的学生来说也是案头必备。维特鲁威的著作业已成为西方建筑的理论基础。

维特鲁威不仅仅是一位理论家，他本身就是一名建筑师。在今天意大利沿海城市法诺（Fano）曾经建有一座大教堂。据悉这是维特鲁威建造的唯一建筑，许多人认为它是大教堂建设的一个转折点。然而，我们所知道的仅此而已，因为这座建筑的遗迹已荡然无存，我们能见到的只有几个世纪前遗存至今的草图。

尽管如此，维特鲁威在建筑方面的影响怎么强调都不为过。他的著作被人们研究了近两千年，被翻译过无数次。作为先驱，他把所知道的所有建筑信息全部整理成册，从而为建筑业发展铺平了道路。

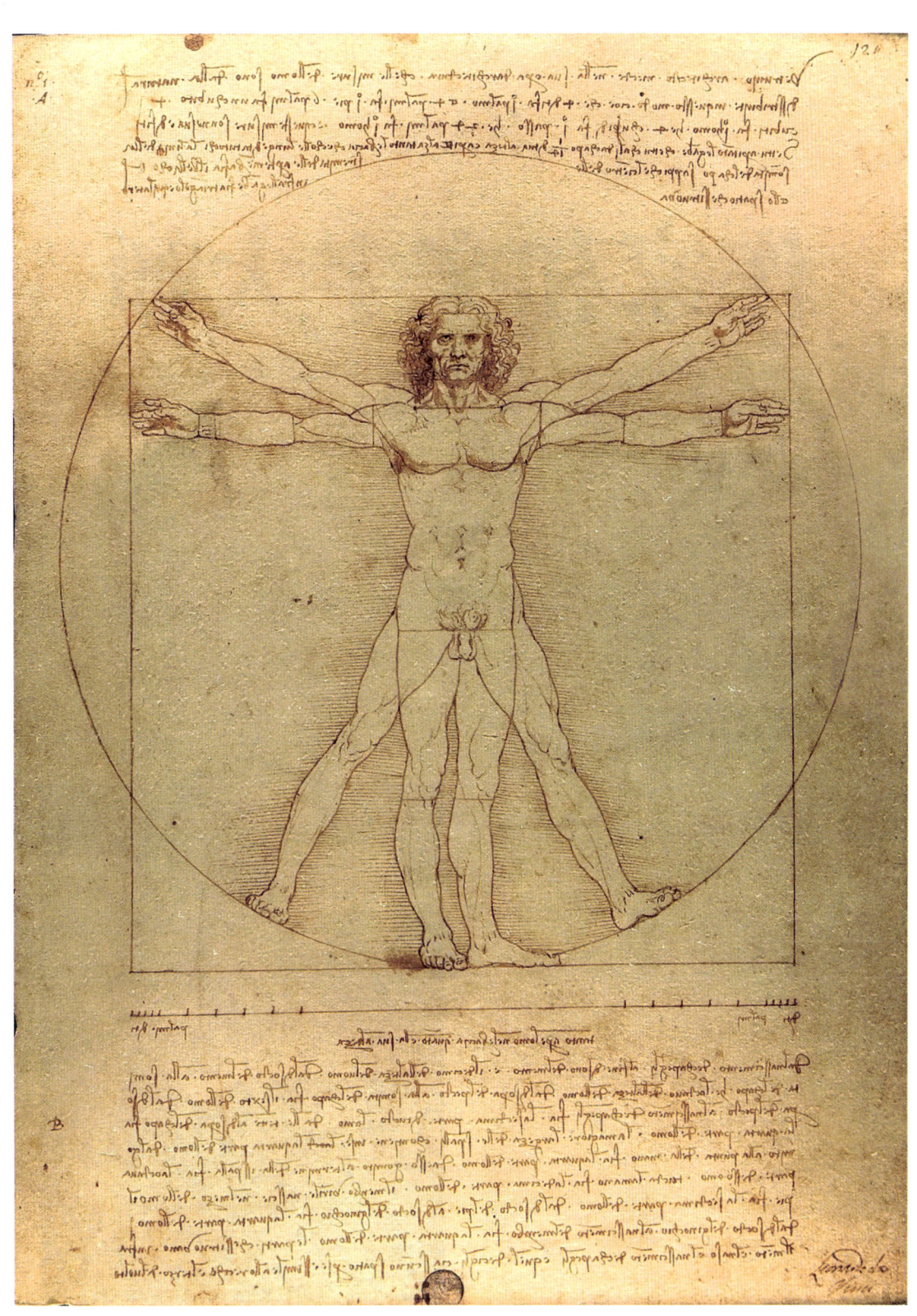

▲ 达·芬奇创作的作品《维特鲁威人》是对维特鲁威"理想"人体的最著名具象描绘

名人堂

作家和文字大师

今天，说英语的人超过3亿。
有哪些重要人物让英语成为世人如此熟悉的语言呢？

威廉·莎士比亚

英国，1564—1616年

莎士比亚跻身其中确定无疑，因为这位吟游诗人对英语的巨大影响显而易见，这不仅体现在像"生存还是毁灭（to be or not to be）"这样的名句中，也反映在他所创造、我们现在司空见惯的许多短语上，比如"懦弱胆怯（lily livered）""屏住呼吸（bated breath）""意料之中（foregone conclusion）"。当然，他的影响力远不止于此。他创造了大约2000个英语单词，包括"惊奇（amazement）""卧室（bedroom）""时尚的（fashionable）"，很难想象如果没有他，英语会是什么样子。作为英语大师，他的"不朽（monumental）"地位是"稳固（secure）"的。

▲ 莎士比亚：改变了英语语言的人

阿尔弗雷德大帝

英国，849—899 年

人们通常认为阿尔弗雷德是第一位真正的英国国王。在其治下，与维京海盗冲突不断。阿尔弗雷德的"大帝"之称并不单单归因于军事胜利。阿尔弗雷德十分关切丹麦人的袭击对教育标准产生的负面影响。他意识到识字率在急剧下降，努力推动用英语而不是拉丁语来进行早期教育。他还主持把当时的重要典籍译成英语，以确保英语在这一过程中得以传播。

> 阿尔弗雷德大帝为自己的孩子、贵族子弟及其他弱势学生建立了英语学校。

▲ 阿尔弗雷德是英语变革的早期领军人物

杰弗里·乔叟

英国，约 1343—1400 年

和莎士比亚一样，作家乔叟的文字不仅具有文学影响，而且改变了英语的本质。乔叟的写作使得贵族接受了乔叟的中古英语（实际上是盎格鲁-撒克逊语、丹麦语和法语的混合体），而不是他们自诺曼征服以来所讲的法语。事实上，在乔叟去世的前一年，亨利四世登基，自 1066 年以来英格兰首次有了母语是英语而非法语的国王。

> 尽管乔叟和莎士比亚对英语产生了巨大影响，但他们二人没有留下任何手稿。

▲ 乔叟让英语文学作品为世人所接受

塞缪尔·约翰逊

英国，1709—1784 年

与人们的普遍看法大相径庭的是，约翰逊博士并非第一个编纂英语词典的人。1604 年罗伯特·考德雷（Robert Cawdrey）出版的《英语单词字母顺序表》，比 1755 年约翰逊出版的《英语大辞典》早了 150 年。然而，约翰逊的著作之所以更受器重，部分原因在于他巧妙地使用了例句来展示单词的正确用法，更因为词条更加丰富。考德雷的顺序表只定义了 2000 个单词，约翰逊收录的词条则超过了 4 万个。

▲ 约翰逊耗时八载独自完成了词典编撰

约翰内斯·古腾堡

德国，1398—1468 年

约翰内斯·古腾堡（Johannes Gutenberg）发明的印刷机，不仅影响了英语语言，而且影响了整个世界。他一举催生出了大众传播。换句话说，他对英语的影响与英国商人威廉·卡克斯顿（William Caxton）的并无二致，卡克斯顿把印刷机带到英国，也是英国第一个印刷商。

▲ 印刷机的引进极大地改变了语言传播

征服者威廉

英国，1028—1087年

虽然国王威廉从未成为像阿尔弗雷德大帝那样的教育改革家，但他仅仅通过诺曼征服就改变了英语。就像之前的罗马和撒克逊入侵者一样，诺曼人在英语中留下了永久的印记。人们认为，在1066年以后从诺曼法语中引入的一万个单词中，约有2/3仍在使用，其中包括像justice（正义）、marriage（婚姻）、govern（治理）和parliament（议会）等不可或缺的单词。

> 诺曼法语与普通法语迥然不同。1066年后，许多诺曼人移居英国，不同之处便更加凸显。

▲ 威廉不仅征服了英国人，还征服了英语本身

丹尼尔·笛福

英国，1660—1731年

1719年，笛福的《鲁滨孙漂流记》出版。人们对于其是否是第一部英国小说仍然莫衷一是。有些人认为约翰·班扬（John Bunyan）的《朝圣者的进步》（1678年）或托马斯·马洛礼（Thomas Mallory）爵士的《亚瑟王之死》（1485年）更当之无愧。无论谁能获此殊荣，都应该得到赞誉，因为正是小说这种媒介，使奥斯汀、狄更斯、奥威尔和罗琳等作家能够有效地驾驭英语来进行表达，进而打动如此多的读者。

▲ 300年过后，小说《鲁滨孙漂流记》依旧令人手不释卷

▲ 韦伯斯特改变了美国英语的词汇，如去掉了颜色（colour）一词中的字母"u"

诺亚·韦伯斯特

美国，1758—1843年

作为教师，诺亚·韦伯斯特（Noah Webster）使美国英语发生了革命性变化。一个时期以来，虽然美国人结合美洲原住民语言和非洲语言自己造出了许多单词，但直到1828年韦氏编撰的《美国英语词典》出版，拼写方式才最终统一。韦伯斯特试图拯救英语于"卖弄的喧嚣"中，按照发音对英语单词进行重新拼写，例如，colour（颜色）拼写成color，centre（中心）拼写为center。

古斯鲁姆

丹麦，？—890年

维京人也在英语里留下了自己的印记。如今，英格兰北部有1400多个地名源于斯堪的纳维亚半岛，诸如leg（腿）、skull（头盖骨）、husband（丈夫）、sky（天空）和take（获取）等单词都与维京人有关。然而，很难将这些影响归于某个个人。倘若一定要找出一个人的话，丹法区①的统治者古斯鲁姆（Guthrum）算是一个不错的选择。

---

① Danelaw，中世纪英格兰实行丹麦法律及惯例的地区。——译注

▲ 挪威语对英语的影响迄今仍然一目了然

▲ 万维网是伯纳斯-李留下的遗产

蒂姆·伯纳斯-李（Tim Berners-Lee）

英国，1955年至今

从印刷机、电话到广播、电影、电视，所有大众传播的革新都以自己的方式改变了英语。不可否认，万维网和移动电话技术的普及正在以难以想象的方式改变着英语。不过，有一点是明确的：在不断变化的环境中，人类语言适应和演变的韧性超强。

9次不可思议的探险

自文明曙光照耀地球以来，人类就进入了未知的世界。
本文介绍的9次跨越国界的探险，开拓了新领域，
是人类勇于探索精神的标志

詹姆斯·库克的首航

1768—1771年

太平洋南部区域

1768年夏天，詹姆斯·库克受英国国王乔治三世委托，登上"奋进号"，从普利茅斯出发，启航去寻找一片未知的南方大陆并绘制金星凌日路线图。这是他3次太平洋航行中的第一次。

库克穿过大西洋，在南美洲的顶端绕过合恩角，到达塔希提岛，在那里可以更好地观察金星。接着，他向南进入鲜为人知的海域，宣称英国对数个岛屿的主权，1769年10月在新西兰登陆。库克船队是第二支抵达新西兰的欧洲探险队，比荷兰探险家亚伯·塔斯曼（Abel Tasman）晚了127年。

经过6个月对新西兰海岸线的绘制后，库克去了澳大利亚，先是到了希克斯角（Point Hicks），随后是植物学湾（Botany Bay），从而成为第一个到达澳大利亚东海岸的欧洲人。沿着澳大利亚海岸线航行时，"奋进号"在大堡礁附近触礁，库克差点遭遇灭顶之灾。他在荷属东印度群岛的巴达维亚（Batavia，今印尼首都雅加达）对船进行了维修。1771年3月，库克绕过好望角返航。这次为期35个月的航程于7月12日在英格兰的迪尔港（Deal）结束。

▲ 库克的航程包括澳大利亚东南海岸。这使他和他的船员成为有记录以来第一批到访这里的欧洲人

莱夫·埃里克松发现文兰地区

`1000 年`

在北美文兰地区建立挪威定居点

莱夫·埃里克松（Leif Erikson）是维京探险家红发埃里克之子，999年埃里克松从格陵兰岛航行前往挪威，首先在赫布里底群岛（Hebrides）登陆，停留了数月。抵达挪威后，国王奥拉夫一世命其皈依基督教，返回格陵兰传教。

人们对埃里克松随后航行的细节有不同的描述。有人认为他偏离了航线，无意中在北美登陆；第二个说法可能听上去更为靠谱：埃里克松从冰岛探险家、商人贾尼·赫尔夫松（Bjarni Herjulfsson）口中了解到格陵兰岛东部有大片土地。14年前，他在一场风暴中偏离航道，看到过北美洲，但没有上岸。

大约在公元1000年，埃里克松带着35名船员从格陵兰岛南部向北航行，沿着巴芬岛海岸向南转向。在巴芬岛南部海岸登陆后，他继续前往拉布拉多（Labrador），最终到达了一个他称之为文兰（Vinland）的地区，因为那里生长着大量野生葡萄藤（grape vine）。

尽管关于文兰的确切位置学者们众说纷纭，但它可能是在纽芬兰南部海岸某地。20世纪60年代进行的考古发掘证实了11世纪维京人定居点的存在。

许多人认为埃里克松是第一个发现北美洲大陆的欧洲人。1002年他回到格陵兰岛，大约1020年去世。

斯科特和阿蒙森南极点争夺战

1911—1912年

南极洲南极点

"请允许我通知您……向南极前进。阿蒙森。"英国冒险家罗伯特·法尔肯·斯科特（Robert Falcon Scott）收到挪威探险家罗尔德·阿蒙森（Roald Amundsen）的电报后，意识到比赛已经开始，目标是南极点，这是陆地探索的最后一个伟大目标。

1910年10月，阿蒙森第一个到达北极的幻想破灭。他在没有告诉赞助商和船员的情况下，就把目的地改成了南极。身为皇家海军军官的斯科特奉命对北极地区进行探查，但他宣布自己将"前往南极，以确保英国将最先抵达南极点的殊荣收入囊中"。当斯科特收到本文开头的电报时，阿蒙森正在澳大利亚做准备。

当双方到达南极洲时，报纸把这场"南极竞赛"炒得火热。阿蒙森在鲸鱼湾建立大本营，比在麦克默多湾安营的斯科特离南极点近大约60英里。9月，当天气条件转好时，这位39岁的挪威人第一个奔向既定目标。然而，极寒天气迫使他折返。1911年10月20日他再次出发。10月24日，不甘落后的斯科特紧随其后。

阿蒙森使用滑雪板和狗拉雪橇队，每天前进20多英里。他开辟了一条人迹未至的路线，穿过阿克塞尔·海伯格冰川和极地高原一路前行，于12月14日到达南极。阿蒙森抽着雪茄，举起挪威国旗拍照。几天后，他们便离开了这里。

斯科特团队用的是小马和雪橇犬，摩托雪橇在途中纷纷抛锚。小马逐渐变得虚弱无力，最终无奈被射杀。斯科特团队一路使劲拖着雪橇前进。在阿蒙森一行抵达南极点34天后，斯科特团队接踵而至，却发现了挪威人的营地。斯科特垂头丧气，短暂停留后铩羽而归。

夏末的南极洲冷得令人难以置信，斯科特和另外4人因此丧生。阿蒙森赢得了世人的赞誉，而斯科特和同伴们亦成了英国人心目中的英雄。

斐迪南·麦哲伦的环球航行

1519—1522年

一次环绕世界的旅行

▲ 麦哲伦是第一个绕过南美洲、经过麦哲伦海峡实现环球航行的人

被自己的祖国葡萄牙视为叛徒的斐迪南·麦哲伦（Ferdinand Magellan），在西班牙国王卡洛斯一世令人垂涎的资助下开始向西航行，寻找通往时称香料群岛的东印度群岛航线。那里是珍贵香料的来源地，其所谓的治疗作用、调料口感和防腐性能令欧洲人朝思夜想。

1519年9月20日，麦哲伦率领270人分乘5艘船从西班牙桑卢卡尔-德巴拉梅达（Sanlucar de Barrameda）向西起航，横渡大西洋前往巴西，12月13日抵达里约热内卢湾。麦哲伦绕过南美洲海岸，穿过拉普拉塔河河口，寻找一条大陆以外的海洋通道。

1520年复活节，两名西班牙船长造反，麦哲伦设法平息了这次暴乱。一名船长被处决，另一名船长在南下时遭到监禁。10月，麦哲伦发现了一条海上通道，遂以他的名字命名。通过麦哲伦海峡的艰难航行需要38天的时间。

麦哲伦是第一个目睹海峡外广阔水域的欧洲探险家。他希望这是一次穿越平静大海的短途航行，还将这片海域命名为太平洋（Mar Pacifico）。然而，这次航行的时间远比他预期的要长。船员们患上了坏血病，食物储备也消耗殆尽。1521年3月6日，探险队抵达关岛。

麦哲伦随后前往菲律宾，到达距离香料群岛400英里的宿务。麦哲伦受到当地酋长的欢迎，并使其皈依了基督教。后来在与附近麦克坦岛上的部落冲突中，麦哲伦身中毒箭，于1521年4月27日撒手人寰。

幸存的船员继续前进，1521年11月8日抵达摩鹿加群岛。剩下的两艘船的货舱里都装满了香料，探险队继续前往东帝汶。在那里，一艘船往西航行，另一艘船在向东行驶途中失踪。

1522年5月22日，完成航行的"维多利亚号"绕过好望角，9月6日在胡安·塞巴斯蒂安·德·埃尔卡诺（Juan Sebastián de Elcano）的指挥下返航抵达桑卢卡尔-德巴拉梅达。最初探险队中只有18人幸存下来。

环球航行让麦哲伦名垂青史。然而，通往香料群岛的航线问题太多。尽管如此，麦哲伦为人类今后深入探索打开了一个巨大空间，证明地球比人们曾经认为的要大得多。

马可·波罗走进忽必烈的宫廷

1271—1295 年

遍访东亚地区

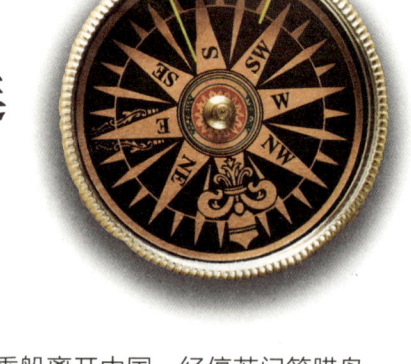

作为威尼斯贵族的儿子，马可·波罗也许是西方历史上最著名的旅行家。他旅行了24年，成为中国元朝忽必烈的座上宾，其著名的《马可·波罗游记》对他的旅行经历有翔实记载。

17岁时，马可·波罗开始踏上旅程。他和父亲尼科洛·波罗以及叔叔马特奥·波罗一起沿着著名的东西贸易路线丝绸之路长途跋涉数千英里。他的父亲兄弟俩以前曾去过中国，回国时已经成了忽必烈的特使。

马可·波罗生于1254年，当时他的父亲还在东方，直到1269年父亲归来，父子俩才得以见面。两年后，尼科洛、马特奥和马可从威尼斯乘船前往今天以色列的阿克里（Acre）。他们到访了耶路撒冷，从教皇格里高利十世那里购买了圣油作为礼物送给忽必烈。

他们一行前往波斯的霍尔木兹，继续他们的海上之旅。然而，他们对现有的船只没有信心，马可称"不幸的是……只能用椰纤维做的麻绳连缀起来"，因此，他们决定经陆路前往。

1275年，他们来到忽必烈位于上都的夏宫，受到盛情款待。

在忽必烈宫廷里生活多年后，这几个威尼斯人乘船离开中国，经停苏门答腊岛，1294年到达波斯。9个月后，他们途经君士坦丁堡和希腊回国，一年后返抵威尼斯。

此时，威尼斯正在与敌对的城邦热那亚交战，马可·波罗在战斗中被俘。在狱中，他向狱友、作家比萨的鲁斯蒂谦口述了自己的旅行经历。该游记完成于1298年，最初出版时书名是《世界纪行》。马可·波罗在书中提到了东方的风俗习惯和诸如纸币、眼镜等新奇事物。

尽管一些怀疑论者质疑游记的真实性，但这位威尼斯旅行家的大多数资料均得到其他各种史料的佐证。马可·波罗的叙事激励着人们在未知世界里不断求索，而马可·波罗仍然是世界探险的标志。

▲ 马可·波罗的冒险经历激发了许多探险家步其后尘

瓦斯科·达·伽马乘船到达印度

1497—1499年

从欧洲经大西洋和印度洋到达印度的通道

1497年7月8日,葡萄牙贵族瓦斯科·达·伽马(Vasco da Gama)从里斯本启航,寻找从欧洲到印度的航海路线。他的探索对葡萄牙经济至关重要。

受国王曼努埃尔一世委托,达·伽马率领4艘大船和大约200人启航。他们在加那利群岛和佛得角群岛附近航行到西非,然后冒险进入公海,遇上了10年前巴托洛缪·迪亚士(Bartolomeu Dias)发现的强西风。1497年12月,达·伽马绕过好望角。次年春天,他们抵达东非,到访了现在的莫桑比克和肯尼亚,那里的当地人对欧洲人心存疑虑。

这些葡萄牙人被迫逃离莫桑比克港口,开船时还发射了船上的大炮。由于需要补给,他们采取了海盗行动,从偶遇的贸易船上抢夺补给。

在肯尼亚港口马林迪,达·伽马邂逅印度商人和贸易商。他们描述了通往印度次大陆的海上航线。达·伽马雇了一位熟悉这条航线的印度领航员,于1498年5月20日横渡印度洋,抵达卡利卡特港。在此过程中,他们成为首批成功完成印度海上之旅的欧洲人,比以往任何探险队都走得更远。

虽然到达印度本身就是一种胜利,但达·伽马未能与当地人建立良好的关系。由于没有达成任何贸易协议,葡萄牙人只好于1498年8月29日乘船返航。经过132天艰难渡过印度洋后,他们到达马林迪。达·伽马的同伴半数死于坏血病,1499年3月,穿越好望角时只剩下两艘船。两艘船分开航行,最终都在夏天返抵葡萄牙。

达·伽马决定和他重病缠身的弟弟保罗一起留在佛得角群岛。保罗死后,达·伽马将其葬在亚速尔群岛,达·伽马于1499年8月29日返回里斯本。

虽然没有带回任何贸易协议,但达·伽马的航行促进了未来的探险,建立了与东方有利可图的贸易关系。此外,他的探险还为多元文化主义和后续探险发现铺平了道路。

▲ 达·伽马探险队帮助葡萄牙建立了与东方的贸易关系

大卫·利文斯通试图找到尼罗河源头

1849—1873年

对非洲大陆内部的探索

"我想您是利文斯通博士吧？"被派去寻找传教士、探险家大卫·利文斯通（David Livingstone）的记者亨利·斯坦利问道。到1871年秋天两人相见时，利文斯通已经成为非洲内陆的著名探险家。他的探险活动持续了24年，最近的一次冒险是在1866年，目标之一是确定大尼罗河的源头。

苏格兰人利文斯通是一名医生，1841年来到非洲，8年后开始了第一次探险。这位坚定的反奴隶制传教士穿越喀拉哈里沙漠，发现了恩加米湖，1851年发现了赞比西河。1852年，利文斯通进行了第二次探险，在接下来的4年里，他从东到西穿越了整个非洲大陆的南部广袤地区。他探索了赞比西河上游，发现了一个令人叹为观止的瀑布。为纪念英国维多利亚女王，他将其命名为维多利亚瀑布。1856年，他到达了流入印度洋的赞比西河河口。

利文斯通的探险提供了关于非洲内陆的大量信息，在欧洲广受赞誉。1857年，利文斯通出版《南非传教旅行考察记》一书，次年，他开始了另一次为期5年的探险。1865年，他出版《赞比西河及其支流》一书。

第二年，利文斯通在官方和私人资助

▲ 利文斯通把对探险的挚爱和对传播基督教福音的热情融为一体

下，以英国无任所领事的名义开始了他对非洲内陆的最后一次远征。1866年1月28日，他登陆桑给巴尔岛。尽管这次探险之旅困难重重，但利文斯通仍然坚持探寻难以捉摸的尼罗河源头，传播基督教福音，反对奴隶贸易。由于健康状况不佳，1871年春天利文斯通来到了靠近刚果河的坦噶尼喀湖，这是欧洲人向西穿越非洲内陆走得最远的一次。

由于几年来利文斯通杳无音信，有关他死亡的谣言也四散流传开来，几个搜索队甚至动身前去寻找。斯坦利成功找到他后，两人继续绕过坦噶尼喀湖向北探险，然后再向东前进。1872年3月，斯坦利出发前往英国，利文斯通却选择留下来继续探索非洲。仅仅一年后，他便作古。

刘易斯和克拉克的发现探险队

1804—1806年

探索美国西部领土

1803年，美国以1500万美元的价格从拿破仑时期的法国手中买下了路易斯安那州的大片领土。托马斯·杰斐逊总统拨款2500美元资助了一次荒野探险，任命他的私人秘书梅里韦瑟·刘易斯（Meriwether Lewis）为领队。刘易斯欣然同意，还请他的朋友威廉·克拉克（William Clark）一路同行。

1804年5月14日，西部探险或称发现探险之旅开始。探险队由33人组成，包括克拉克的奴隶约克，他在长途跋涉后获得了自由。探险队从密苏里的圣路易斯出发，开始探索和绘制地图，与美洲原住民建立贸易联系，还发现了一条从密西西比河到太平洋的水道。

在3年时间里，刘易斯和克拉克不顾恶劣天气、饥肠辘辘甚至忍着病痛跋涉了8000英里。他们越过大陆分水岭，于1805年10月16日到达哥伦比亚河，一个月后抵达太平洋沿岸。途中，他们与北美大平原上强大的拉科塔苏土著部落以及其他原住民建立了联系。他们绘制了140种路易斯安那领地地图，记录了100多种动物和178种植物。然而，他们没能找到从密西西比河到太平洋的连续适航水道。

如果没有美洲原住民、特别是如今北达科他州的曼丹人伸出援手，这次探险可能根本不会成功。刘易斯和克拉克还得到了法裔加拿大商人、猎人图桑·沙邦诺和他妻子、肖肖尼部落土著萨卡加维亚的帮助。两人担任了翻译、向导和联络员，而萨卡加维亚的工作令人久久难以忘怀。

在1806年回程中，探险队分成两组，刘易斯在一次狩猎中受伤。他的队伍还与印第安人发生了小规模冲突。后来，刘易斯和克拉克在密苏里河沿岸重聚，1806年9月23日成功返回圣路易斯。刘易斯详细记录了这次探险情况，后来被任命为路易斯安那州州长。

发现探险队引起了公众对美国西部的极大兴趣，传播了科学知识，加速了白人在密西西比河流域以外的地区定居。

登陆月球

1969年

"阿波罗11号"登月,尼尔·阿姆斯特朗在月球上行走

1961年5月25日,约翰·肯尼迪总统在美国国会讲话时称:"我认为,美国应该在10年之内努力实现送人登月并安全返回地球的目标。"

1969年7月20日,"阿波罗11号"指令长、宇航员尼尔·阿姆斯特朗从登月舱走到了月球表面。他说:"这是我个人的一小步,却是人类迈出的一大步。"阿姆斯特朗的历史性举动发生在美国东部夏令时22时56分,美国各地的父母都没让孩子睡觉,以在电视上见证这一事件。

阿姆斯特朗的登月是美国国家航空航天局在20世纪60年代早期展开的航天任务的顶峰。

继水星和双子星计划后,阿波罗计划战胜了一系列困难,包括1967年"土星五号"火箭发动机发射前试验点火时3名宇航员丧生的那场悲剧。

1969年7月16日上午,"阿波罗11号"搭载着阿姆斯特朗、巴兹·奥尔德林和迈克尔·科林斯在佛罗里达州卡纳维拉尔角

的肯尼迪航天中心发射升空。它在76小时内呼啸着飞越24万英里,进入绕月轨道,7月19日抵达月球。翌日,"鹰号"登月舱与科林斯驾驶的指令舱分离,开始下降高度。16时18分,登月舱降落在月球表面一个相对平坦的区域"静海"。阿姆斯特朗用无线电向得克萨斯州任务控制中心报告:"休斯敦,这里是静海基地。'鹰号'已经着陆。"

数小时后,阿姆斯特朗从"鹰号"扶着舷梯登上月表。稍后他说出了那句令人难忘的话:"这是我个人的一小步……"几分钟后,奥尔德林紧随其后登月。宇航员们竖起一面美国国旗、拍照、与尼克松总统通话,还留下一块鼓舞人心的纪念牌,上面写着:"地球人首次登月。1969年7月。我们为全人类的和平而来。"7月24日,"阿波罗11号"乘组人员安全返回地球。"阿波罗号"之后又成功执行了5次登月任务。

内莉·布莱

作为第一位"新闻调查女记者",
内莉是美国媒体的一道风景,
激励着一代又一代勇于调查的女记者

乔安妮·萨马雷

身为无所畏惧、敢于冒险的记者,内莉·布莱彻底改变了19世纪的新闻业。她开辟了全新的报道形式,打破了按性别定义的无形障碍,为无数追随她脚步的女记者敲开了职场大门。生于1864年的内莉原名伊丽莎白·简·科克伦(Elizabeth Jane Cochran),20岁时开始了新闻生涯。当时,她对《匹兹堡电讯报》上一篇歧视女性的文章进行了充满激情的回应。这封读者来信非常引人注目,编辑为

◀ 内莉·布莱是新闻调查的先驱,不仅对女性而言,对所有记者都是如此

▲ 内莉勇敢地在布莱克威尔岛疯人院做卧底

此给了她一份工作。她的第一篇文章《女孩之谜》是对那封反驳信的重写，以笔名内莉·布莱发表。

尽管开端良好，内莉的作品却经常被置于女性版面。她对八卦文章感到沮丧，于是前往墨西哥做了半年的驻外记者。回到美国后，她离开匹兹堡，迁往纽约，临行时留下一张便条："我要去纽约了。看我的。布莱。"在那里，她向纽约《世界报》创办人约瑟夫·普利策提出了一个雄心勃勃的想法——从欧洲到美国，对新移民来美经历进行一手采访报道。

受内莉沉浸式新闻视角启发，普利策提出了另一个想法，建议她对布莱克威尔岛上纽约最臭名昭著的疯人院进行深入采访。于是，内莉假装失忆，通过多名医生核检后，打入疯人院内部。在那里，她发现医院人满为患，病人食不果腹，冻得脸色发青。她爆料其中胆大的抗议者被"扇耳光"，一名患者甚至被掐着脖子锁进壁橱里。10天后，她得出了致命的结论："除了酷刑，还有什么能比这种治疗更快地让人精神错乱的呢？"

内莉据此写出的《疯人院十天》促使大陪审团对医院展开调查，结果发现该院医护人员、食物和设施严重不足。这篇报

内莉把女性从社会杂闻版面推向了新闻前线。

告推动了医院整改,使调查性新闻成为揭露社会不公正的一种手段。身临其境采访在当时是一个全新的做法,很快成为内莉进行新闻报道的特色,对"隐秘新闻女记者"以及多年后像亨特·汤普森(Hunter S. Thompson)这样的作家都产生了积极影响。

在新闻调查过程中,内莉还揭露了纽约"血汗工厂"的恐怖、操纵选票的阴谋和贩婴团伙的行径。1889年,她决定打破法国作家儒勒·凡尔纳小说中虚拟的菲利亚斯·福格(Phileas Fogg)80天环游世界的记录。

普利策的业务经理宣称这对女性来说是"不可能的"。她不仅需要有人"保护",而且"还得携带一大堆行李,长途旅行谈何容易"。经过数月讨论,内莉终于得到批准。

不为内莉所知的是,当她开始向东出发踏上环球之旅的时候,竞争者、《大都会》杂志的伊丽莎白·比斯兰(Elizabeth Bisland)也从相反的方向出发了。在世界各地旅行的内莉定期发电报,向成千上万的读者介绍行程最近进展,还把长篇游记寄回报社。在72天时间里,她横渡大西洋和太平洋,与儒勒·凡尔纳本人会合,穿越亚洲,最后乘坐私人火车从加利福尼亚回到纽约。这是历史上用时最短的环球航行。

作为女性实业家先驱,内莉不断突破各种束缚,开始经营已故丈夫的铁皮制造公司。然而,真正留下印记的还是她在新闻领域的业绩,以及她对新闻调查的开创性发展。1880年只有不到3%的美国记者是女性,到1900年,这一数字已经攀升到7%。在一定程度上讲,这要归功于内莉的努力。第一次世界大战期间,作为第一位从东线报道战事的女性,她把女性从社会杂闻版面推向了新闻前线。

不幸的是,1922年内莉因肺炎病故,享年57岁。

▲ 有人对内莉说:"只有男人"才能完成环球旅行。她答道:"让那个男人出发吧。我会在同一天启程,最终打败他。"

政坛翘楚

144
缔造美国的人

154
尼科洛·马基雅维利

160
孙子

162
沃克夫人

166
为美国争取种族平等的斗士

178
彻底的现代女性

184
共产主义创始人

190
一个革命者的崛起

202
西丽玛沃·班达拉奈克

缔造美国的人

走近敢于挑战英国、挣脱殖民统治枷锁的政治家们

  <big>**美**</big>国缔造者们是美国革命时期最重要的政治家。他们让美国脱离了英国的统治，赢得了独立，阐明了被庄严载入美国宪法的自由原则。遴选美国缔造者并无固定标准，也没有明确备选名单，但值得一提的是，虽然其中男性居多，但确有不少才华横溢的女性在美国诞生的过程中发挥了重要作用。尽管如此，大多数历史学家都认同，以下这10位男性做出了最为卓著的贡献。

  当然，开国元勋们也遭受过挫败，特别是在奴隶制和美国土著人口问题的处理上。他们全都意识到，奴隶制这一概念与建立在自由和自由原则上的民主共和国格格不入。然而，在美国成立之初，奴隶人口却不断增长。1775年有50万奴隶，时至1860年，由于自然生产，这一数字飙升至400万。开国元勋们未能解决这一问题，他们担心南方各州会脱离联邦，对多种族社会该如何发展也无计可施。这种放任自流最终导致内战爆发。

乔治·华盛顿

1732—1799年

杰出政治家、美国首任总统

▲ 著名艺术家吉尔伯特·斯图亚特曾多次为乔治·华盛顿画像

20岁时，乔治·华盛顿从他同父异母的哥哥那里继承了弗吉尼亚州最好的庄园之一弗农山庄。大约同期，他开始了自己的军旅生涯，在法国与印第安人战争中崭露头角，22岁时便晋升为上校。尽管他在早期抗法战争中屡遭败绩，但在战斗中他始终保持冷静和坚定信心。因此，时至1758年，弗吉尼亚州全部军队已归他统领。然而，由于英国军队对殖民地军官的轻视让他感到愤怒，他很快便辞去军职，但仍保留了准将的荣誉头衔。

辞职后不久的1759年初，他与玛莎·丹德里奇（Martha Dandridge）结婚。他们自己没有孩子，但对继子女和他们的后代倾注了真爱。他是一位创新型模范农民，也是一个关心奴隶的奴隶主。那些年，虽然他非常清楚英国对其殖民地施加的商业限制也影响到他个人对进口物资的需求，但他一直是英国王室的忠实臣民。生活的压力从1764年开始逐渐增加。从这一时期起，尽管像大多数美国人一样，华盛顿还没有设想过一场独立战争，但他已经开始质疑自己对英国王室的忠诚。

18世纪70年代，英美关系恶化，华盛顿出席并签署了第一届大陆会议的决议。1775年，他当选第二届大陆会议成员。随着全面战争的逼近，他被选为殖民地军队总司令。华盛顿并不精通战术，在军事上犯了许多错误，但他果敢的个性成就了一支庞大的军队。纽约之战惨败后，他在特伦顿和普林斯顿赢得了重大胜利。1781年在弗吉尼亚东南部小城约克镇取得的关键胜利在很大程度上要归功于华盛顿的胆识和远见。

虽然不愿再度担任公职，但他在1787年制宪会议上发挥了重要作用。他的智慧和忠诚让他在1789年当选为美国第一任总统并连任。在任期间，他采取了有条不紊、智圆行方的方针政策。1799年12月，华盛顿在自家庄园中安详辞世。

▲ 约翰·亚当斯继乔治·华盛顿之后成为美国总统

约翰·亚当斯

1735—1826年

美国首任副总统、第二任总统

许多美国人认为英国王权强加给他们太多的不公，拥有多年法律从业经验的约翰·亚当斯成为美国人反对这种不公的坚定拥护者。1764年，他步入婚姻殿堂，妻子阿比盖尔成为美国政治生活中一位重要人物。1765年，亚当斯发表了一篇抨击饱受诟病的《印花税法案》的论文，进而成为对玻璃、铅、纸张、油漆和茶叶等进口商品征收关税的《汤森法案》的主要反对者。他坚持法律程序，为1770年波士顿惨案中向人群开枪的英国士兵辩护。

作为第一届（1774年）和第二届（1775年）大陆会议上的重要人物，亚当斯在美国独立战争即将爆发之际提名乔治·华盛顿为殖民地军队总司令。他还选择托马斯·杰斐逊起草《独立宣言》，与本杰明·富兰克林一起前往巴黎与英国进行谈判。回到美国后，他参选第一任总统，但败给了华盛顿。根据新的选举规则，他被任命为副总统。后来，他还是成了华盛顿的继任，在1797—1801年出任美国第二任总统。

▲ 1794—1797年，塞缪尔·亚当斯担任马萨诸塞州州长

塞缪尔·亚当斯

1722—1803年

塞缪尔·亚当斯在策划1773年波士顿倾茶事件中发挥了突出作用

塞缪尔·亚当斯是第二任总统约翰·亚当斯的堂哥。从政之前，他是一个不太成功的商人和收税员。他公开反对1764年的《糖税法》，在煽动席卷波士顿的《印花税法案》骚乱中发挥了关键作用。

1769年，塞缪尔·亚当斯成为马萨诸塞激进派领导人和第一批脱离英国独立的著名支持者之一。他极具宣传鼓动能力，1770年波士顿惨案后，为使英国士兵从波士顿撤离，他付出了艰辛的努力。尽管没有证据表明他曾亲赴码头，但他是策划1773年波士顿倾茶事件的关键人物，而且他强烈反对事件之后的强制性法案。他在制宪会议任职至1781年，并签署了《独立宣言》。1789—1793年，他担任马萨诸塞州副州长，1794—1797年担任州长。

▶ 托马斯·杰斐逊的声誉因其种族态度而受损

托马斯·杰斐逊

1743—1826 年

美国第三任总统，《独立宣言》主要作者

勤奋好学的托马斯·杰斐逊是一名律师，1774 年编写了《英属美洲权利概述》。作为独立运动的主要倡导者，他受到全美关注。1775 年，他被任命为第二届大陆会议的弗吉尼亚代表，担任包括本杰明·富兰克林和约翰·亚当斯在内的五人委员会成员，负责起草《独立宣言》。作为主要作者，杰斐逊写出了下列名句："人人生而平等……拥有某些不可剥夺的权利，其中包括生命权、自由权和追求幸福的权利。"

杰斐逊曾在法国生活数年，与法国渊源很深。1789 年返美后，他为乔治·华盛顿效力，出任美国首任国务卿，负责外交事务。英法冲突期间，他因感恩这个欧洲国家在美国独立战争期间所给予的支持而力挺法国。杰斐逊反对《中立法案》和《杰伊条约》，曾担任约翰·亚当斯的副总统。作为坚定的反联邦主义者，他制定了美国历史上第一个反对党共和党的原则。

1801 年，杰斐逊当选为美国第三任总统，1804 年再次当选，任期至 1809 年。在任期间，他斥资 1500 万美元从法国手中购下路易斯安那州，此举不仅扩大了美国版图，也使欧洲势力消失在美国的家门口。然而，他在 1807 年实行《禁运法案》，关闭美国港口，希图借此左右法英外交政策，却给刚刚起步的美国经济造成巨大损失。

对杰斐逊声誉影响最大的是他的种族观。他清楚被奴役人口有悖于美国的自由主义理想。在他起草的《独立宣言》初稿中曾对不公正奴隶贸易予以谴责，但后来还是将其删除。杰斐逊终其一生都是奴隶主。他出版的唯一一本书《弗吉尼亚纪事》记录了他根深蒂固的种族主义思想。他认为，美国不能成为一个多种族国家。

▶ 富兰克林和宪法起草委员会成员在一起

本杰明·富兰克林

1706—1790 年

出版商、记者、科学家和政治家

作为最重要的开国元勋之一，本杰明·富兰克林以作家和出版商的身份开始了自己的职业生涯。他极具商业头脑，获得过美国数州的纸币印刷权。他还是一名电学科学家。42 岁时，他从企业全身而退，绅士般走上政治舞台。他在伦敦生活了很长时间，成了一名坚定的保皇派，对美国的狭隘性感到绝望，直到 1765 年，他身陷备受憎恨的英国《印花税法案》缠斗之中。

受到英国当权派冷落的同时，富兰克林获得了第二届国会议员席位，争取到法国王室的资助和支持，成为美国民间英雄。富兰克林为《独立宣言》的撰写做出了贡献。他还帮助起草了《联邦条例》，是美国宪法起草者中最年长的人。他的自传成为当时广为流传的书籍之一。

▲ 富兰克林是杰出电学科学家，也是政治家

▲ 华盛顿担任总统期间，约翰·杰伊是他的密友

▲ 帕特里克·亨利帮助起草了弗吉尼亚州的第一部宪法

约翰·杰伊

1745—1829年

美国第一位首席大法官，1794年备受争议的《杰伊条约》首席谈判代表

帕特里克·亨利

1736—1799年

精明能干的律师和热情洋溢的演说家，《权利法案》的接生婆

作为1774年第一次大陆会议代表，约翰·杰伊致函英国，阐明美国拟达成的目标。《独立宣言》（1776年）能在纽约州获得通过，约翰·杰伊功不可没。1777年，他帮助起草了纽约州第一部宪法，当选该州的第一位首席大法官。1778年，他被任命为大陆会议主席，4年后，他和本杰明·富兰克林一起出使巴黎，与英国进行和平谈判。他积极争取联邦宪法获批（1778年），1789年乔治·华盛顿任命其为美国第一任首席大法官。

1794年，为避免战争，华盛顿派约翰·杰伊前往英国，与英国最终订立《杰伊条约》，为美国国民经济腾飞和日后繁荣奠定了基础。然而，共和党人认为这是联邦政府的卖国行径。由于该条约不得人心，使得约翰·杰伊失去了继任华盛顿成为美国总统的机会。

继经商和务农失败后，帕特里克·亨利成了一名才华横溢的律师和口若悬河的演说家。他使出浑身解数抨击令人憎恶的1765年《印花税法案》，从而走上了反对英国政府的道路。帕特里克·亨利是1774年、1775年大陆会议代表。意识到战争迫在眉睫，他在著名的、充满激情的演讲中宣称"不自由，毋宁死"，毅然担起弗吉尼亚军队指挥官的重任。不过，没过多久他便辞去军职，转而在弗吉尼亚州第一部宪法（1776年）起草中发挥了重要作用。之后，他出任该州州长，为华盛顿提供了极大的战时支持。帕特里克·亨利反对通过宪法，因为担心宪法不能保护各州和个人的权利，但在他以极大热情力挺的一系列宪法修正案即《权利法案》通过后，他与联邦政府达成了和解。

▲《权利法案》由詹姆斯·麦迪逊起草

詹姆斯·麦迪逊

1751—1836年

在就任美国第四任总统之前,被称为"美国宪法之父"

詹姆斯·麦迪逊在美国宪法的框架和指导原则方面做了大量工作,人称"美国宪法之父"。为推动宪法通过,他与亚历山大·汉密尔顿和约翰·杰伊共同撰写了《联邦党人文集》,最终当选为众议院议员。当选后,他提出了宪法前10条修正案,后来统称为《权利法案》。因其反对《杰伊条约》,所以与杰伊分道扬镳。此后詹姆斯·麦迪逊声名鹊起,1801—1809年,成为第三任总统托马斯·杰斐逊的国务卿。在此期间,美国从法国手中买下了路易斯安那州。

尽管麦迪逊在与欧洲列强打交道时经常因表现软弱而饱受诟病,但他还是在1808年当选美国第四任总统,1812年实现连任。他希望化解与英国的冲突,但还是卷入了1812年战争(亦称美国第二次独立战争,是1812—1815年美英之间发生的战争)。直面英国进攻之际,麦迪逊及其家人仓皇逃离白宫,政府大楼和许多其他公共建筑被夷为平地,但同时代人仍将这场冲突视为美国的成功,而麦迪逊则作为美国最伟大的政治家之一而留在人们的记忆中。

◀ 在18世纪90年代大部分时间里，潘恩一直旅居法国，深深卷入了法国大革命

托马斯·潘恩

1737—1809年

美国独立战争中最有影响力的书籍均出自潘恩之笔

托马斯·潘恩返抵美国时，正值英国和殖民地之间的紧张关系达到顶点。在莱克星顿和康科德战役之后，潘恩认为起义的目标不应该是取消不公平税收，而应该是完全彻底的独立。1776年初，他出版小册子《常识》，表达了自己对这一目标的支持。这本小册子在头几个月里就卖出了50多万册，为当年晚些时候获得一致通过的《独立宣言》铺平了道路。他曾担任格林将军的副官，在1776—1783年发表了16篇颇具影响力的政治檄文，极大地激发了革命思想。托马斯·潘恩在《人的权利》一书中倡导法国大革命理想，在《理性时代》一书中探讨宗教与世俗社会之间的关系，后来成为那个时代最伟大的政治宣传者之一。

亚历山大·汉密尔顿

1757—1804年

美国第一批民族主义者之一，在构建联邦理想中发挥了关键作用

年轻时的亚历山大·汉密尔顿敏而好学，是乔治·华盛顿的密友，也是一名英勇善战的军人，在特伦顿战役中指挥过炮兵，率军围攻过约克镇的康沃利斯守军，在美国独立战争中发挥了重要作用。1783年，他开始在纽约从事法律工作，凭借对法律的深刻理解，他被任命为1787年制宪会议的纽约州代表团成员。他通过撰写《联邦党人文集》推动宪法获得通过，1789年被任命为第一任财政部长。

汉密尔顿坚定的联邦党人信念和所执行的相应政策，促发了美国政党之间的分歧，而这正是汉密尔顿本人和华盛顿极力反对的。后来，成为联邦党领袖的汉密尔顿在外交政策上主张密切与英国的关系，遭到共和党人的反对，因为共和党人希望与法国保持联系。当这两个欧洲大国在1793年开战时，汉密尔顿成功地让美国保持中立，进而被视为亲英之举。作为一名务实领导人，汉密尔顿鼎力支持不受欢迎的《杰伊条约》，被誉为美国最早的民族主义者之一。

▲《汉密尔顿》是如今百老汇十分走红的音乐剧

▶ 汉密尔顿在与政治对手亚伦·伯尔（Aaron Burr）的决斗中重伤而亡

尼科洛·马基雅维利

权谋大师马基雅维利是世所不容的政治流亡者还是遭人误解、壮志未酬的讽刺家?

菲莉帕·格里夫顿

长期以来,被誉为现代政治学之父的马基雅维利一直是政治圈所有坏事的代名词。他的名字甚至变成了形容词"马基雅维利式",让人不由得联想到狡猾、奸诈、操纵欲强的人物形象,为达目的不惜动用一切手段。不过,传说背后的这个人真的像后世传闻的那样不堪吗?

有意思的是,马基雅维利的名声因国而异。在英语国家,他被扣上阴谋家的帽子,成为英语国家历史上第一个虚伪、狡猾的政治家。然而,在他的祖国意大利,所有历史偏见全都消失得无影无踪。人们看到的是这样的面孔:一个观念超前时代足有500年的创新者。马基雅维利对政治世界的哲学见地业已影响了现代政治。时至今日,他的思想观念仍像15世纪时那样具有现实意义。

马基雅维利生于1469年,童年生活鲜为人知,只晓得他在父亲位于佛罗伦萨郊区的庄园里长大。在那里,他受到的教育旨在把他培养成一名前程似锦的佛罗伦萨外交官。作为哲学思想的中心,佛罗伦萨为马基雅维利提供了卓越的人文主义教育,但这个文化中心始终处于持续的动荡状态。近百年前,佛罗伦萨已经成为意大利文艺复兴的发源地。15世纪初,随着美第奇家族的崛起,这座城市开始飞速发展起来。然而,当佛罗伦萨在科西莫·德·美第奇

▲ 马基雅维利雕像矗立在意大利佛罗伦萨的乌菲齐美术馆外

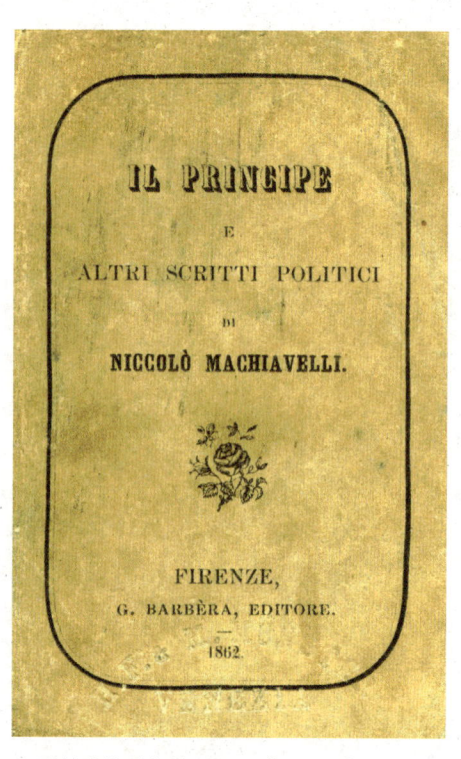
▲ 马基雅维利去世5年后,《君主论》才得以命名出版

治下蓬勃发展之际,它也与邻近地区冲突不断,而外国入侵也迫在眉睫,持久和平俨然已成遥远旧梦。1494年,美第奇家族被逐出佛罗伦萨。正是在这种严酷、动荡的政治环境中,年轻的马基雅维利茁壮成长起来。

1498年,马基雅维利旁听了叛逆的传教士吉洛拉莫·萨沃那洛拉（Girolamo Savonarola）的布道和演讲。他极力反对教皇腐败,同年受控为异端分子而被绞死。仅仅几天后,马基雅维利就出任佛罗伦萨共和国第二国务厅的长官,负责掌管外交事务。这个年轻人究竟如何在毫无经验的情况下坐上政府高位的,这让历史学家们感到困惑,他的任期一直持续到1512年美第奇家族重新掌权。

在美第奇家族流放的8年里,马基雅维利的政治生涯蒸蒸日上。他赢得了首席治安官皮耶罗·索德里尼（Piero Soderini）的支持,并说服皮耶罗于1505年组建了一支民兵以减少对雇佣军的依赖。该民兵组织由索德里尼创建、马基雅维利指挥。除此之外,他还广泛结交名流要人,其中包括凯撒·波吉亚（Cesare Borgia）（他的政治才能对马基雅维利早期作品产生了影响,对其后来最著名的《君主论》写作也有所启发）、法国查理八世和当时的几位在位教皇。

直到1503年,马基雅维利才开始认真写作,翌年,佛罗伦萨史诗的第一部分

▲ 洛伦佐·美第奇去世后乔尔乔·瓦萨里为其创作的画像

《十年纪·第一个十年》完成。然而，在马基雅维利辉煌的外交生涯背后，总有股诡诈的力量在作祟。在神圣同盟领导下，教皇尤利乌斯二世征召西班牙加入对法国的战争，1512年9月初命令西班牙统帅拉蒙·德·卡多纳（Ramón de Cardona）夺取佛罗伦萨。得益于此，美第奇家族才得以重现辉煌。

然而，这对马基雅维利不啻飞来横祸。他被诬告犯有密谋罪，据说逮捕后被绑在肢刑架上。他坚决否认参与了反对美第奇家族的密谋，但仍遭监禁。然而，幸运之神再度眷顾了这位外交官，因为教皇尤利乌斯二世于次年2月去世。随着美第奇家族出身的新教皇利奥十世继位，人们组织了庆祝活动，天下大赦。马基雅维利重获自由，然而代价是高昂的，他被禁止进入佛罗伦萨，强制退休，回到他位于佛罗伦萨郊区的家族庄园。正是在这段漫长而又无聊的流放时期，马基雅维利开始创作他最为知名的论著，其中包括对当时政治作出颇有争议评论、迄今仍有现实意义的《君主论》(The Prince)。

被软禁在佛罗伦萨郊外庄园里的马基雅维利终日思考着如何重返这座城市去领略她的政治风景。他最终决定写一本政治指南，就像他在外交生涯中所做的那样。1513年，他完成了《君主论》，将其献给佛罗伦萨新统治者、美第奇家族族长的洛伦佐。直到今天，人们对如此奉献的确切目的仍众口嚣嚣：是为逢迎统治者以让自己能官复原职，还是一种聪明的讽刺，借以嘲笑佛罗伦萨的政治生态？

无论怎样，这本书能在马基雅维利去世后5年即1532年出版，都是一种极大的讽刺。《君主论》分为两部分：第一部分主要论及掌权之道，最重要的第二部分则提出了如何在拥有权力时巩固权力的术治建议。正是因为这本书和它备受争议的论述，让人们从负面记住了马基雅维利。除阐述统治者应该具备的品质之外，《君主论》还提出了一个非常严肃的道德问题：是恪守道德情操但丧失权力更好，还是依靠狡诈和智慧实现妥协、不择手段达成目的更好？

其中有两章争议颇多。在第18章"关于君主守信之道"中，马基雅维利写道："虽然努力成为有道德操守的统治者令人钦佩，但成功有时需要动用不那么道德的手段来获得，为了最终的善，有时你需要一时的坏。"马基雅维利还说："鉴于此，君主必须深谙如何像野兽一样行动，必须借鉴狐狸、狮子，狮子无法保护自己不落入陷阱，而狐狸无法保护自己免受狼的伤害，因此，君主必须像狐狸那样能明辨陷阱，像狮子那样能吓退群狼。"

第7章"关于依靠他人武力或凭借好运取得的新君主国"也让读者感到震惊。马基雅维利在叙述瓦伦蒂诺公爵恺撒·波吉亚征服罗马涅（Romagna）大区的切塞纳（Cesena）的故事时，分明在倡导杀戮。波吉亚雇雷米罗·德·奥尔科（Remirro de Orco）为副手，命令他用武力予以镇压。他动用斩首、阉割等残酷战法，最终给该地区带来和平。小镇虽然臣服，但小镇居

▲ 15世纪的佛罗伦萨。美第奇家族流亡期间,马基雅维利在这里茁壮成长

民却极度蔑视奥尔科,结果波吉亚把这个副手劈成两半,放到镇上广场示众,以安抚民心。随着暴行的结束,波吉亚降低了税收,斥资在小镇建立剧院,还举办狂欢节。这是目的(保护人民、实现最终的和平与繁荣)为手段(大规模杀戮和残害)洗白的完美例子。

完成《君主论》后,马基雅维利开始创作《论李维著罗马史前十书》《战争艺术》《曼陀罗》等其他作品。如果《君主论》里的狡诈伎俩真的是为了哗众取宠,那么这一目的从未达成。洛伦佐可能从未读过马基雅维利的经典之作。直到1527年58岁的马基雅维利去世,这位流亡政治家一直被软禁在自己的庄园里,再也没有重返政坛。然而,尽管马基雅维利一生未能实现自己的政治抱负,但他的著作却激励了一代又一代领导人。这本书还给予现代文化名人以启迪,比如美国著名作家乔治·马丁。他的作品《冰与火之歌》就为电视剧《权力的游戏》的创作提供了灵感。

孙子

《孙子兵法》穿越时空，彻底改变了千百年来人们对行动策略和领导能力的思考方式

哈雷斯·阿尔·布斯塔尼

▲ 孙子确有其人吗？还是有人为附翼攀鳞虚构出来的？

最具权威的《孙子传》约公元前100年出自司马迁著名的《史记》。司马迁称，约公元前500年前，孙子撰写并呈送吴王阖闾一部军事论著《孙子兵法》。吴国位于中国东部长江下游地区，当时仍是文明程度相对较低的诸侯国。据说，吴王曾让孙子用宫女来实际操演，借以考察孙子的带兵能力。

孙子选中了180名宫女，将她们分成两队，全都手持长戟，让吴王的两名宠姬当队长。可是，当他击鼓发令，让她们"向右转"时，宫女们却捧腹大笑。孙子说："约束不明，申令不熟，将之罪也。"随后，他又击鼓发令，让她们"向左转"，宫女们还是嬉笑不止。孙子又说道："约束不明，申令不熟，将之罪也；既已明而不如法者，吏士之罪也。"

于是，他下令将两名宠姬队长斩首。吴王大惊失色，想要阻挠，但孙子还是决绝地将她们处死。孙子说："臣既已受命为将，将在军，君命有所不受。"说罢，孙子继续操练。这次宫女们都对孙子言听计从，动作整齐划一。吴王因此对孙子刮目相看，封其为大将军。随后，在率军西破强楚过程中，孙子发挥了重要作用。

春秋时期，战事烦琐，迷信仪式冗杂，军队纪律涣散，装备简陋，各诸侯国之间战事频仍，但吴王对楚国的常年侵扰却不

在此例。此时，处于转型期的战争似乎也变得组织性更强，目标更明确，也更加惨无人道。在这个成王败寇的时代，违令者，杀无赦。孙子无疑成了这一时期的领军人物。

很多学者对是否确有孙子其人莫衷一是。他们认为，《孙子兵法》成书于公元前476—前221年战国时期，当时的各路作者经常佚名写作，把自己的作品冠以古代名人之名，无非是想附翼攀鳞。无论怎样，《孙子兵法》这部兵书早已名扬四海。

孙子在书中除对战略战术进行了阐述，还重新定义了战争实践。他强调，作战动机、地形地势、气象状况、组织情况等都是决定胜败的关键因素。他认为，将领应当顺势而为，及时调整战略，用己之优势攻敌之弱点。

孙子主张，为速战速决，最大程度减少人员损失，武器只有在"不得已则斗"时才去使用。他是认识到战争与通货膨胀之间相互关系的第一人。为此他认为，持久战往往导致两败俱伤。一旦某国出了细作，各种虚假信息就会不径自走，叛乱接踵而至，腐败自上而下，暗杀偷袭层出不穷，通常此时便可派遣军队予以致命一击。毕竟"兵者，诡道也"。然而，孙子却反其道而行之："途有所不由，军有所不击，城有所不攻，地有所不争，君命有所不受。"

早在公元525年，日本第26代继体天皇就对这部军事著作了然于胸。他说："伟大的军事指挥家乃国民命运之所系。"事实证明，中国智慧的精髓一旦应用于实战，就能给敌人造成致命一击。在12世纪爆发的日本源平合战中，武将源义经发动夜袭，遍燃火把，诈充大军，从而蒙骗敌人放弃阵地，落荒而逃。

1772年，法国耶稣会教士阿米奥神父将这部兵学圣典译成法语，使得孙子军事思想进一步向西方传播，从而也使得包括拿破仑在内的一代法国军事家更加有勇有谋。

长期以来，《孙子兵法》得到广泛的活学活用，从越南的武元甲将军到美国的科林·鲍威尔，不一而足。他们称这本著作应当是所有军人的必读书目。书中用语也已进入大众文化词典，家喻户晓。一些电影中的角色也言不离孙子，比如电影《华尔街》中巧取豪夺的股票经纪人戈登·盖柯（Gordon Gekko）就主张"不战而屈人之兵"；电影《黑道家族》中黑手党老大托尼·索普拉诺（Tony Soprano）称，《孙子兵法》比马基雅维利的书"要好得多"。

尽管人们对《孙子兵法》出处众说纷纭，但在2000多年后的今天人们仍将其视为最重要的战略经典。这部伟大军事专著字里行间写满了超凡智慧，弥漫着经久不衰的开创精神。

沃克夫人

美容业企业家沃克夫人打破了制度化偏见范式，
重新定义了近代美国黑人女性的价值

乔安妮·阿尔·萨玛里

沃克夫人（C.J.Walker）的一生精彩绝伦，她亲手建立起一个满足黑人女性美容需求的商业帝国。更为重要的是，她积极投身黑人教育与赋能事业，为他们提供工作机会，培养生存技能，提升他们对自身美的感知，尤其是对自身能力的认知。

1867年圣诞节前两天，萨拉·布里德洛夫（Sarah Breedlove，沃克夫人原名）出生。她的父母曾是奴隶，自美国内战结束以来，他们一直是路易斯安那州的佃农。自孩提时起，萨拉就命运多舛，7岁时就成了孤儿，搬到了姐姐和姐夫家，开始在棉田里干活。为了逃离恶毒的姐夫，绝望的萨拉年仅14岁时就已成婚。20岁那年，悲剧再度发生——丈夫在女儿莱莉娅出生两年后便撒手人寰。之后她加入了美国黑人大迁徙运动，搬迁到密苏里州的圣路易斯。在那里，她的4个兄弟干着理发师的营生。萨拉嫁给了约翰·戴维斯，兼做洗衣和做饭两份工，每天只能挣到1.5美元。靠着微薄的收入，她送莱莉娅上了公立学校，还定期参加美国有色人种妇女协会的活动。

由于劳累过度、营养不良、卫生条件差，萨拉开始出现脱发现象，她拼命地想要找到答案。在和理发师兄弟交流并尝试了家里的偏方土法后，她发现黑人企业家安妮·马龙的头皮疗法让她的头发重新长了出来，而且比以往任何时候长得都好。1905年搬到丹佛之前，萨拉成了安妮的销售代理。在那里，她给一位药剂师做饭，药剂师教她化学基础知识，这使她能够完善头皮屑治疗方法。

1906年，萨拉嫁给了第三任丈夫、新闻记者查尔斯·约瑟夫·沃克。同年晚些时候，她更名为沃克夫人，开始推销自己的护发产品"沃克夫人神奇生发剂"。当被

▲ 从为了生计而替人洗衣的前奴隶女儿到黑人女企业家，沃克夫人走过了漫长的坎坷之路

问及如何开发出这样一款产品时，她答道："我做了一个梦，梦里有个高大的黑人出现在我面前，告诉我该把什么混合到一起来护理头发。"尽管只接受过几个月的教育，几乎不识字，但沃克夫人很快掌握了营销术。她在当地黑人报纸上大作广告，走访南方黑人社区，挨家挨户地做推广，在教堂和旅馆举办展销活动。

匹兹堡工厂开工后，她创办了莱莉娅学院，专门培养未来的"头发护理师"。不过短短两年，产品便供不应求，于是，她将总部迁到了美国制造业重镇印第安纳波利斯，在那里建立了一家美发美甲沙龙和第二个培训中心。渴望回馈社会的沃克夫人在黑人社区中发挥了积极作用，向一个黑人基督教青年会捐款1000美元。到1910年，她每年净赚1万美元，相当于今天的20万美元，并将公司注册为印第安纳州沃克夫人制造公司。

两年后，全美黑人商业联盟大会在芝

加哥召开，原本没有安排女性发言，沃克夫人走近主持人布克·华盛顿，在台上讲："当然，你不会当面把我撵下台的……我是一个来自南方棉田的女人，给别人洗过衣服做过饭，后来自己干起了美发护发产品。"在次年的大会上，沃克夫人正式获得了发言的机会。

1916年，沃克夫人搬到纽约，让女领班和她的律师负责工厂生产管理。在哈莱姆区，她为全美有色人种协进会的反私刑运动捐款5000美元；在东圣路易斯骚乱中数十名黑人被杀害后，她帮助其家属向白宫请愿；她还组织了美国最早的一次女企业家聚会。

到1919年5月去世时，沃克夫人已经赚足了当时令人咋舌的60万美元。她不仅为数千名黑人女性创造了就业机会，还创造条件让黑人社区能够在种族制度下得以可持续发展。她和高等教育机构联合在技术学校推出培训项目。即使在行将离世之际，她还在向教育团体和全美有色人种协进会大量捐款。在她去世多年后，记者乔治·斯凯勒写道："据我所知，在她之前，没有任何女性，无论是白人还是黑人，建立了如此庞大而又成功的企业。"谈到她的慈善事业，他补充道："沃克夫人堪称开路先锋。"

沃克夫人的畅销品

沃克夫人开发出一系列美发产品，每种产品都引起了轰动

沃克夫人神奇生发剂

沃克夫人神奇生发剂缘起于她自己脱发。和当时的许多黑人女性一样，她劳累过度，营养不良，卫生条件很差。沃克女士现身说法，凸显了该产品的疗效。

沃克夫人头发和头皮护理液

当沃克夫人出现脱发症状时，身为理发师的兄弟们教她头皮护理的重要性。随后开发的这款头发和头皮护理液成为沃克夫人系列美发产品中的拳头产品。

沃克夫人养发精华乳

沃克夫人的护发系列产品专为黑人女性设计。在热烫拉直之前，要把这款养发精华乳从发根至发梢均匀涂抹到头发和头皮上。

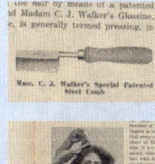

特殊专利钢梳

虽然沃克夫人没有发明烫发夹板，但她开发出一种用于拉直头发的"特殊专利钢梳"。她的"压发"技术不仅能拉直自然卷发，还能烘干直发。

自由大游行

为美国争取种族平等的斗士

在种族歧视和种族隔离时期
为争取种族平等而不懈奋斗的八大人物

乔纳森·戈登

1963年8月28日，有20多万人参加了在美国首都华盛顿举行的示威大游行

20世纪五六十年代的非洲裔美国人民权运动仍能引起今天人们的心灵共振。直面那些严重的不公平现象，曾有一群勇敢的人站了出来，成为20世纪鼓舞人心的传奇人物。在那段岁月里，有成千上万的美国人在重大的立法和司法胜利中发挥了作用。我们只是记录下一些最有代表性的人物。其中有些是领导者和演说家，有些是组织者和社区活动家，更多的是思想家和作家，但他们都举足轻重，不可或缺。

在那个制度性歧视的年代，美国争取种族平等和正义的斗争仍然处在政治的风口浪尖之上。这些人的英雄壮举无疑是一种莫大的激励。为更深入地了解他们的贡献，我们请弗吉尼亚大学凯文·盖恩斯（Kevin K. Gaines）教授来谈谈他对这些争取社会公平和正义人物的看法和见解。

专家简介

凯文·盖恩斯
美国弗吉尼亚大学教授

盖恩斯教授著有《提升种族：20世纪的黑人领导、政治和文化》（北卡罗来纳大学出版社，1996年）和《加纳的非洲裔美国人：黑人侨民与民权时代》（北卡罗来纳大学出版社，2006年）。目前的研究重点是关于非洲裔美国人民权运动期间和之后种族融合的挑战以及与此相关的艺术家和学者项目，旨在重新定义非洲裔美国人的经历，探讨种族主义、父权制结构等。

埃拉·贝克

1903年12月13日—1986年12月13日

如果没有埃拉·贝克（Ella Baker），非洲裔美国人民权运动不可能取得如此巨大的成就。她曾是青年黑人合作联盟的负责人，后来成为全美有色人种协进会的外派秘书和分会主任，并与他人共同创立了"友谊"（In Friendship）组织，为公共汽车抵制运动筹集资金。随后，她搬到亚特兰大，帮助筹备马丁·路德·金的南方基督教领袖会议，1960年离开，帮助建立学生非暴力协调委员会。人们用斯瓦希里语称她为"Fundi"，意思是传承手艺的行家。

问：对非洲裔美国人民权运动来讲，您认为埃拉·贝克有多重要？

答：埃拉·贝克代表了该运动研究的两大进步：一是认为非洲裔美国女性在运动中的作用不可或缺；二是"自下而上"地重视草根民众，而不是之前"自上而下"地偏重所谓有魅力的领导者。20世纪30年代，贝克离开北卡罗来纳的家，投身哈莱姆区的政治活动，开始了长达数十年的社会活动家生涯。

作为一名组织者，贝克因在"二战"期间和战后忘我投身于危险的工作而被称为"运动之母"。

作为南方基督教领袖大会的执行董事，贝克与以男性为主的领导层发生了冲突，其中包括马丁·路德·金。1960年，非洲裔美国大学生在南方发起静坐运动，拟通过非暴力"静坐"废除午餐柜台的种族隔离。贝克建议学生积极分子成立他们自己的组织。贝克帮助筹建了学生非暴力协调委员会（SNCC）并出任该组织顾问。正如历史学家芭芭拉·兰斯比（Barbara Ransby）在传记中详述的那样，贝克影响了学生非暴力协调委员会的年轻组织者。这些年轻人贯彻了她"以群体为中心"的领导理念，即社会中最弱势群体有能力领导自己。如今，倡导"黑人命也是命"的活动人士认为，埃拉·贝克对后人影响深远，鼓舞巨大。

马丁·路德·金

问：马丁·路德·金或许称得上是最著名的非洲裔美国人民权运动领袖。在其一生中，您认为还有哪些时刻是我们没有说到过或者说得不够的吗？

答：1968年金遇刺后，他的遗孀科丽塔·斯科特·金（Coretta Scott King）和社会活动人士都呼吁把金的生日作为全国性节日。罗纳德·里根总统最初反对，但后来态度软化，1983年将相关法案签署为法律。

很快，保守派便任意歪曲这位业已牺牲的运动领袖所留下的遗产，抓着金《我有一个梦想》的演讲不放，肆意阉割金建立没有种族歧视的社会理想，把合法的具有种族意识的补救措施非法化。与此同时，保守派对金为穷人争取经济公正的激进主张深恶痛绝，对其反对美国在越南发动代价高昂的不道德战争的观点恨之入骨。

如果金还活着，他会继续不分种族，为争取穷人经济公正而不懈奋斗。当金申明自己的反战立场、呼吁对美国社会进行彻底重组时，他已经沦为美国社会的弃儿。当年轻的激进分子们不顾一切地呼吁武装斗争时，金从未动摇过自己的非暴力承诺。与激进派不同的是，金对当权派构成了威胁，因为在种族和经济正义问题上，他对社会弊病有清晰明确的判断，并真正提上了议事日程。

问：马丁·路德·金在推动法律革新和改变美国人思维方式方面的贡献是否被夸大了？

答：一点也没有夸大。金是一位博学的知识分子，有着传统的黑人民间传教士的口才。他以一种与美国核心理想和价值观共鸣的方式，向美国受众描绘了非洲裔美国人民权运动的要求和目标，谴责种族隔离和种族主义。他把种族平等梦想与美国梦等同起来。后来，金成为一位勇敢的领袖和社会评论家，不愿回避有关种族和社会不公正的严酷现实。金对黑人城市叛乱、年轻激进分子挑战和越南战争所造成的动荡环境都有所响应。当金和南方基督教领袖会议成员在洛杉矶会见福利权益活动家、希望他们支持由他发起的"穷人运动"时，有女性活动家向金说明了国家福利配额不足的问题，并请他关注黑人女性这一因贫致弱的特殊群体。

1929年1月15日—1968年4月4日

马丁·路德·金在演讲中为美国公民描绘了合作与公平的未来。超凡的演讲能力令他声名鹊起。1955年，他成为蒙哥马利改进协会的负责人，领导了对罗莎·帕克斯（Rosa Parks）被捕的抗议活动。在此后几年里，他创立了南方基督教领袖会议，希望团结起来进行社会变革运动。1963年，他在林肯纪念堂前的华盛顿大游行活动中发表了为争取就业和自由的著名演讲《我有一个梦想》。1964年，马丁·路德·金成为诺贝尔和平奖最年轻得主，约翰逊总统批准了《民权法案》。1968年，正要外出参加一场活动的马丁·路德·金在田纳西州孟菲斯的洛林汽车旅馆被枪杀，年仅39岁。

罗莎·帕克斯

问：罗莎·帕克斯参与过蒙哥马利公交汽车抵制运动，对此人们都再熟悉不过。您能谈一谈在这场运动中她到底做了些什么吗？

答：罗莎·帕克斯是资深社会活动家，也是全美有色人种协进会的资深成员。人们对帕克斯行为的关注无形中掩盖了另外一个事实，即蒙哥马利公交汽车抵制运动

1913年2月4日—2005年10月24日

为人熟知的是，罗莎·帕克斯因在亚拉巴马州蒙哥马利市一辆种族隔离的公交汽车上拒绝给一名白人乘客让座而被逮捕，但她的故事和作用远不止于此。她是全美有色人种协进会的资深成员，多次与金一起公开露面，成为活动中受人追捧的人物。帕克斯在最高法院胜诉后，随丈夫搬到底特律。1964年，她支持约翰·科尼尔斯（John Conyers）竞选国会议员，随后在其办公室任职，直到1988年退休。她继续为社会和经济事业奋斗，1999年荣获国会金质奖章，这是美国平民的最高荣誉。离世后，帕克斯成为第一个被安放在国会大厦供人瞻仰的女性。

实际上是团队努力的结果。该团队与当地组织者计划针对亚拉巴马州蒙哥马利市的公交系统举行大规模抗议，反对种族歧视。

1955年12月，罗莎·帕克斯因为劳累过度而拒绝让座，从而成为非洲裔美国人民权运动中经久不衰的一个传奇。她的个人行动演变成催化剂，最终废除了蒙哥马利公交汽车上的种族隔离做法。事实上，帕克斯的行动经过事先精心策划，辅之以出色的组织，最终将抵制运动的消息传递给该市5万名非洲裔美国人。各行各业的黑人团结一致，不再乘坐公交汽车，在抗议中坚守非暴力。他们的巨大成功最终赢得了国际社会的广泛关注。

问：罗莎·帕克斯并不是第一个挑战亚拉巴马州种族隔离做法的人，那么您认为她的事迹为什么有这么大的影响力呢？

答：人们有充分的理由来记住罗莎·帕克斯和她的故事。无论从哪方面来看，帕克斯并非注定要走向前台。她是个普通人，裁缝，家庭主妇，只不过做了一些当时不同寻常的事情，为一场非暴力社会变革的大规模运动提供了催化剂。她和蒙哥马利运动的其他领导人都甘冒被逮捕和监禁的风险，这就坚定了当地黑人社区斗争到底的决心。问题在于，因为人们过于关注帕克斯，反而忽视了黑人社区之前在城市公交汽车种族隔离问题上所付出的日常集体努力。一场有意义的变化通常是众人努力的结果，而非单凭一己之力。

詹姆斯·鲍德温

1924年8月2日—1987年12月1日

1948年，鲍德温搬到法国巴黎写作，部分原因是为逃避美国无处不在的偏见，但在1957年，他返回美国，发表了大量论述种族关系的文章。鲍德温直言不讳地讲述自己的亲身经历，笔耕不辍地撰写关于种族和种族身份的文章，直到垂暮之年。

问： 鲍德温一生所传递的既真实又有艺术感的声音，对新听众来说有多重要？

答： 鲍德温虽说不是积极参与运动的领袖人物，但作为作家、记者和公众发言人，他有效地调解了黑人和白人对南北方种族主义本质和深度的不同看法。在他最具影响力的文章中，鲍德温表达了非洲裔美国人对变革的渴望，以及他们对变革姗姗来迟的失望。

他不想让自诩为北方白人的自由主义者逃脱责任，竭力戳穿他们自认为强于罄竹难书的南方白人种族主义者的道德优越感。鲍德温提醒全美人民，不管他们清楚与否，北方白人已经把他们的黑人兄弟姐妹们推进了一个鲜为人知但在生理和心理上都充斥着暴力的制度化种族主义体系。白人警察、地主、法官和雇主无一不给他们造成了伤害。鲍德温向非洲裔美国人和白人揭露了根深蒂固的美国种族主义及其所酿成的悲剧，以及种族主义分子对黑人与白人共同的残酷历史和自奴隶制时代以来他们之间亲密血缘关系的断然否认。鲍德温创作的小说《另一个国家》（1961年）讲述了一群年轻的黑人和白人在白人至上主义和种族隔离强加给他们的疏远中挣扎着相爱，但往往以失败告终。

瑟古德·马歇尔

问： 您认为瑟古德·马歇尔（Thurgood Marshall）在法律上赢得的最大胜利是什么？

答： 他在1954年具有里程碑意义的布朗案中担任首席律师，进而成为传奇人物。后来，作为出任美国最高法院大法官的第一位非洲裔美国人，马歇尔也以

1908年7月2日—1993年1月24日

瑟古德·马歇尔把法律制度作为他的变革工具。身为全美有色人种协进会的副会长和后来的会长，他参与了具有里程碑意义的歧视案件的审理，其中最著名的是1954年布朗诉教育委员会案。该案件迫使学校废除种族隔离，撕碎了"隔离但平等"的概念。他在最高法院的胜诉案比其他任何美国人都多。1967年，瑟古德·马歇尔出任美国最高法院大法官。

他的不同法律意见创造了历史。在1973年"米利肯诉布拉德利案"中，马歇尔就持异议。他认为，多数人否决了一项包含底特律在内的废除种族隔离的计划，这是一次"大倒退"。马歇尔预言："布朗案所指向的邪恶不会自愈，而是会在未来延续下去。"如今，底特律和其他大城市的学区仍是美国种族隔离最严重的地区。

罗萨内尔·伊顿

问： 您能不能跟我们简要说说罗萨内尔·伊顿（Rosanell Eaton）的生活和主要贡献？

答： 伊顿的事例提醒我们，像她这样坚韧不拔的小兵才是这场运动的骨干。21岁时，伊顿去了县法院，告诉3名白人男性登记员，她要登记投票。他们要求她背诵《美国宪法》的序言。这是一种识字测试，旨在取消不识字黑人的投票资格。"我们合众国人民，为建立更完善的联邦……"伊顿开始背了起来。背诵完毕后，她成功进行了注册登记，成为自美国重建时期（1863—1877年）以来在她所在的州投票的第一批非洲裔美国人。2015年，她所在的州通过了一项旨在限制进入投票站的选民身份法。伊顿本想遵守这一法律，却发现自己身份与之发生冲突，于是，她成了全美有色人种协进会诉讼的主要原告，最终让美国第四巡回上诉法院推翻了该法律，裁定该法具有明显的歧视意图。

1921年4月14日—2018年12月8日

罗萨内尔·伊顿算是大器晚成。当时她是北卡罗来纳州一场针对新选民身份法诉讼案的涉案方，该法剥夺了她74年前注册登记的投票权利。据估计她在此案中的胜诉帮助北卡罗来纳州的4000名选民获得了投票权。

范妮·卢·哈默

问： 范妮·卢·哈默（Fannie Lou Hamer）参与了几个政治组织，还对密西西比州民主党只允许白人参加的规定提出了挑战。她对非洲裔美国人民权运动有什么贡献？

答： 埃拉·贝克和学生非暴力协调委员会积极分子们认为，领导和自治的潜力寓于普通的非洲裔美国人社区之中，而范妮·卢·哈默夫人恰恰体现了这种信念。

1917年10月6日—1977年3月14日

1962年，在通过学生非暴力协调委员会组织了一次选民运动后，哈默被房东赶出了家门。然而，她将自己的苦难转化为行动，迅速晋升为该委员会的部长，创立了密西西比自由民主党。1964年，她在美国民主党全国代表大会上发表了一篇关于自己遭受歧视和暴力经历的激情演讲，引起了全美关注。

正如学生非暴力协调委员会领导人詹姆斯·福尔曼（James Forman）所说：世界上只有一个金博士，但却有很多范妮·卢·哈默。此话不假，但这不足以形容哈默夫人的贡献。1964年，哈默夫人在大西洋城举行的美国民主党全国代表大会上直言不讳，详细讲述了密西西比州对非洲裔美国人的整体性虐待。哈默夫人代表学生非暴力协调委员会向民主党呼吁解散密西西比州种族隔离主义者代表团。她还叙述了自己和学生非暴力协调委员会的几名女委员因非洲裔美国人民权活动而遭逮捕和殴打的经历，吸引了全美电视观众。她的演说令人信服，致使林登·约翰逊（Lyndon Johnson）总统召开了一场新闻发布会，以掩盖哈默夫人的影响。

在这次电视讲话中，哈默夫人打破沉默，不仅爆料了种族隔离主义狱吏对黑人妇女的性暴力，还曝光了女性活动分子经常遭受的暴力和心理创伤。她的讲话在全美各大电视网的全国性新闻节目中进行了完整的重播。哈默夫人继续朝着向密西西比州非洲裔美国人开放政治体系的目标努力，并于1968年担任美国民主党全国代表大会的代表。她领导了一个名为"自由农场公司"的非营利性组织，旨在帮助贫困家庭生产粮食、饲养牲畜，以维持生计和增强经济实力。

约翰·刘易斯

问：约翰·刘易斯通过竞选公职，将激进主义从街头带到了华盛顿。您如何评价他在美国争取种族平等斗争中所发挥的重要作用？

答：约翰·刘易斯是学生非暴力协调委员会的领军人物，该组织比全美有色人种协进会和南方基督教领袖协会等老牌组织历史更短、更为激进。刘易斯是一名有抱负的牧师，在佐治亚州长大。就像同时代人一样，他目睹了长辈们因为种族隔离制度而忍辱负重。在纳什维尔的菲斯克大学读书时，刘易斯遇到了詹姆斯·劳森（James Lawson）牧师。这位当地的非洲裔美国牧师宣扬甘地的非暴力思想，将其作为对抗不公正的工具。作为学生非暴力协调委员会的领导人，刘易斯参加了由黑人和白人积极分子发起的"自由乘车"运动，目的是测试一项废除州际旅行种族隔离的新联邦法律。白人治安会成员与当地警察相勾结，对自由乘车者大打出手，成为头条国际新闻，令肯尼迪政府尴尬不已。刘易斯在伯明翰被一群暴徒袭击后，与其他乘车人员一起住院治疗。康复后，作为"向华盛顿进军"活动的发言人之一，他对肯尼迪政府的不作为表达不满。关于刘易斯，最让人难忘的莫过于1965年他在亚拉巴马州塞尔玛（Selma）领导了一场争取投票权的游行。和平集会被挥舞警棍的州警和骑警粗暴驱散。刘易斯被打得不省人

1940年2月21日—2020年7月17日

1961年，约翰·刘易斯帮助成立了学生非暴力协调委员会，年仅22岁的他当选南方基督教领袖会议董事会成员，1963年成为学生非暴力协调委员会主席，在华盛顿大游行中发表了主题演讲，领导了重走埃德蒙·佩特斯桥的游行。自1987年以来，他一直是佐治亚州第五选区的国会议员，连任17个任期直至去世。

事，住进了医院。令人震惊的血腥星期日袭击事件的电视新闻画面令全美群情激奋，最终迫使国会在1965年通过了《投票权法案》。

作为一名社会活动家，刘易斯的勇气和牺牲巩固了他在众议院代表亚特兰大的国会议员地位，也提升了他的道德威望。自2010年以来，保守派对投票权的攻击不断升级，刘易斯对此总是给予单刀直入的抨击。作为种族和解的象征，他在公开场合宽恕了那些曾经在运动中对其施暴、如今请他宽饶之人。

彻底的现代女性

了解历史上女权运动的领军人物

艾丽斯·弗朗西斯

苏珊·安东尼
为美国妇女权利而战

1820—1906年

苏珊·安东尼（Susan Anthony）出生于贵格会家庭。当因性别原因在禁酒大会上发言遭禁后，苏珊决心投身妇女权益的斗争。她发起了一场关于妇女财产权的请愿活动，但当她将请愿书递交给州参议院司法委员会时，却得到了一份带有讽刺意味的回复，声称实际上男性是受压迫者，所以才必须给女性让座。1860年，经过长期努力，

《已婚妇女财产法》最终获得通过，该运动终于有所斩获。1866年，她创建美国平等权利协会，目标是为美国的黑人和白人妇女争取投票权。然而，该协会最终因是否应同时争取这两项权利而走向分裂。苏珊和伊丽莎白·卡迪·斯坦顿（Elizabeth Cady Stanton）共同创建了全美妇女选举权协会。鉴于第14、15条宪法修正案赋予非洲裔美国男性投票权，却未涵盖黑人和白人女性，该协会对此予以反对，此举引发了广泛争议。1872年，苏珊因试图在总统选举中投票而被捕。她在审理中败诉，被罚款100美元，但她从未支付这笔罚款。到19世纪80年代，苏珊已成为美国知名人士和主要政治活动家，但遗憾的是，直到她去世后14年，美国女性才获得选举权。

玛丽·沃斯通克拉夫特
英国女权运动先驱

1759—1797年

玛丽·沃斯通克拉夫特（Mary Wollstonecraft）去世后的几年间，人们关于她的记忆主要纠结于她曾未婚生子这件事。而如今，她被誉为女权运动的奠基人之一。玛丽自幼对自己接受的教育深感绝望，因为这种教育重视"过分矫饰的礼仪、打牌……以及追逐时尚"，忽略了"独立思考、理智……和商业技能"。成年后，意识到自己的职业选择极为有限之后，她对女性所面临的困境越发有挫败之感。1787年，她出版了自己的首部著作《女教论》，书中记录了她的个人经历。成名之后，玛丽经常在出版商聚会上与激进人士讨论法国正在进行的大革命。1790年，为回应辉格党保守派议员埃德蒙·伯克对法国大革命的批评，她发表了《人权辩护》。1792年，玛丽发表《女权辩护》，主张国家须认识到女性的重要性，作为母亲的女性应享有与男性相同的基本权利。这部作品不仅是玛丽最有影响力的著作，也是女权主义哲学领域中最早期的作品之一。

艾达·韦尔斯
非洲裔美国女性代言人

1862—1931年

艾达·韦尔斯（Ida Wells）凭借坚韧不拔的意志，成为美国女权运动重要领导人之一。她出身于奴隶家庭，16岁时因黄热病失去双亲。她被迫辍学，担起照顾弟妹的重任。最初作为教师的她后来转行干起了记者，对非洲裔美国人动辄遭受的私刑做过报道。艾达足迹遍及美英，到处讲述她的发现，还发起运动反对这些残暴的屠杀。为争取女性平等选举权，艾达于1913年成立了阿尔法俱乐部。该组织旨在教育黑人妇女参与国家事务，鼓励选举黑人担任公职。在华盛顿特区的一场选举权游行中，全美妇女选举权协会要求游行者必须为清一色白人，所有参与游行的非洲裔美国人必须单独走在位于白人队伍之后的"有色人种队伍"中。这一要求极大地刺激了艾达。她拒绝服从，在观众中等待时机，最终还是加入了白人女权主义者的游行行列。1930年，艾达竞选伊利诺伊州参议员失败，她多姿多彩的职业生涯在失望中落幕。次年，艾达离世。

奥兰普·德古热
为事业而写作的女性

1748—1793年

《女权和女公民权宣言》是法国剧作家奥兰普·德古热（Olympe de Gouges）最著名的作品，也是对法国大革命期间颁布的《人权和公民权宣言》的有力回应。她在宣言中明确指出，"女人既然可以登上绞刑架，也应当有权站上讲台"。不幸的是一语成谶，这句话预言了她悲惨的命运——

因发表被视为具有"支持君主制"倾向的作品而被捕,最终走上断头台。奥兰普出生于一个中产阶级家庭,16岁就被迫步入无爱婚姻,这促使她投身于争取女性权益的运动。在其职业生涯中,她创作了多达40部戏剧,其中许多剧作揭示了女性在政治上的无力感。她努力将女性权利问题引入主流话题之中。除了写作,德古热还直接向国民议会提出了众多关于妇女问题的请愿,其中包括为寡妇、老人与儿童提供社会服务、赋予私生子和未婚母亲公民权利,以及倡导废除嫁妆制度等。人们普遍认为她是现代女权主义的先驱之一。

埃米琳·潘克赫斯特
改变英国政治的女权先锋

1858—1928年

埃米琳·潘克赫斯特(Emmeline Pankhurst)生于政治活动家家庭。14岁那年,她首次跟随母亲参加了关于妇女选举权的集会。20岁时,她与理查德·潘克赫斯特结婚。理查德·潘克赫斯特是一位律师,曾参与起草1870年和1882年的《已婚妇女财产法》。该法案允许妇女保留婚前及婚后得到的所有收入与财产。1889年,埃米琳组织了妇女选举权联盟。在接下来的几年里,她摆脱了理查德的影响,独立组织各种活动。1903年,由于对争取妇女选举权行动进展缓慢而感到沮丧,埃米琳创建了妇女社会政治联盟。该组织奉行"行动胜过言语"的座右铭,致力于通过实际行动争取投票权。自该组织成立到第一次世界大战爆发,埃米琳因多次激进行动(包括向首相官邸投掷石块和殴打警察)遭逮捕7次。战争期间,她把注意力转移到了战事上,暂停了激进活动。由于妇女在战争中的重大贡献,1928年英国女性终于赢得了平等的选举权。

赫米拉·加林多

墨西哥女权革命家

1886—1954年

1877年，波菲里奥·迪亚斯（Porfirio Díaz）在墨西哥掌权后，国内农民深陷贫困，抗议者遭到监禁或处决。然而，一位勇敢的妇女却在为他们的事业而战。赫米拉·加林多（Hermila Galindo）出身中产阶级家庭，受过良好教育，精通速记、电报和打字。13岁的她在当地一名律师发表反对迪亚斯的演讲时，把内容抄写下来。虽然官方要没收所有演讲手稿，但加林多却把它们藏了起来。后来，反迪亚斯运动成员得到了这份演讲稿并进行广泛散播，加林多的政治生涯由此开启。她加入自由主义俱乐部，成为革命领导人贝努斯蒂亚诺·卡兰萨的坚定支持者。1914年，在政治上取得胜利的卡兰萨被加林多的演讲所打动，随后邀请她担任自己的私人秘书。加林多在墨西哥进行巡回路演，组织革命俱乐部，在各地分发女性主义宣传材料。她还发起反对《民法典》（1884年）的运动，因为该法典剥夺了妇女婚后的所有权利。1915年，她创办了名为《现代女性》的女性主义刊物。次年，她为墨西哥首届女性主义大会起草了一项声明，严厉谴责天主教会对待妇女的态度，并呼吁赋予女性选举权和离婚合法化，乃至对女孩实行性教育。1917年，加林多和其他女权主义者成功推动卡兰萨颁布新的《家庭关系法》，从而弱化了丈夫对妻子的控制权并使离婚合法化。同年，她成为第一位竞选墨西哥城第五选区议员的女性。令她惊讶的是，她竟然赢得了大多数选票，但由于性别原因，她的参选权遭到否决。

内莉·麦克朗

为加拿大妇女做"人"而奋斗

1873—1951年

内莉·麦克朗（Nellie McClung）是一位个性鲜明的女性。一方面，她是一位女权主义领袖，为加拿大妇女获得选票权发挥了重要作用；另一方

面,她又是传统家庭结构的忠实信徒,人称"母性女权主义者"。她曾发起一场有争议的运动,反对精神和身体残疾者的非自愿绝育。内莉出生在一个农民家庭,在曼尼托巴省长大,从小就显露出公开演讲的天赋,很快便步父母后尘,成为禁酒协会的一名积极分子。1908年,她出版了自己的第一本书,该书迅速成为畅销书。从1911年开始,她全身心投入普选权事业。她在曼尼托巴省的选举中为自由党拉票,1916年,该省成为加拿大首个赋予妇女选举权的省份。1921—1926年间,她作为阿尔伯塔省立法议会的自由党成员,致力于为儿童争取免费医疗、为妇女争取财产权和推动工厂安全生产立法。最令人难忘的是,她是"著名五人组"成员之一。该组织在针对1867年《英属北美法案》中对"人"的定义的诉讼案中胜诉,女性被裁决是"人"。这意味着女性终于获准在加拿大担任公职。

阿莱塔·雅各布斯

世界第一家节育诊所创办人

1854—1929年

阿莱塔·雅各布斯(Aletta Jacobs)是医生的女儿。她经常陪伴父亲巡诊,渴望追随父亲的脚步成为一名医生。她不顾荷兰禁止女孩上大学的规定,成功考入格罗宁根大学,之后成为荷兰第一位女医生。她在阿姆斯特丹为妇女开了一家诊所,在那里她目睹了性工作者令人震惊的健康状况。1882年,她开设了世界上第一家节育诊所。1899年,她出席国际妇女理事会第二次大会,在苏珊·安东尼等演讲者的感召下,她于1903年离开了自己的诊所,全身心投入为女性争取参政权的活动。同年,她成为荷兰参政权组织的主席。在接下来的10年中,她到处游说,鼓励妇女在自己的国家为妇女参政权而奋斗。1917年,荷兰妇女获得参政权,阿莱塔作为自由派自由思想民主联盟的候选人参加了竞选。虽然阿莱塔未能当选,但她毕生的理想终于在1919年荷兰妇女获得投票权时得以实现。

共产主义创始人

在工业革命时期，谁都想不到，两个普鲁士人的思想有一天会几近颠覆整个资本主义制度

斯科特·里夫斯

▲ 弗里德里希·恩格斯向马克思介绍了通过无产阶级革命来结束资本主义制度的思想

▲ 卡尔·马克思的著作使他成为历史上最著名的政治理论家

20世纪社会主要存在两种相互冲突的意识形态，一是资本主义，二是共产主义，而共产主义政权源于一个世纪前鲜为人知的政治理论。

18—19世纪，欧洲的快速工业化使得工人阶级置身城镇的黑暗作坊或肮脏不堪的工厂里工作。但经济快速增长也眷顾了少数幸运儿，其中有两个人的家庭就是资本主义的受益者。这两个人就是卡尔·马克思和弗里德里希·恩格斯。他们出生在相距140英里的两个普鲁士中产阶级家庭，时间相差不到两年半。马克思的父亲是一名律师，以经营葡萄园为副业，而恩格斯则生长在一个在普鲁士和英国经营棉纺厂的富裕家庭。

马克思在波恩大学时攻读法律，后来转学到柏林大学。去了柏林大学以后，马克思对社会主义的兴趣渐趋浓厚，对法律课翘课的次数越来越多，转而对哲学课情有独钟。他因有关哲学优于神学主题的论文而获得博士学位，但论文只能拿到思想更加自由的耶拿大学发表，因为柏林大学的教授认为马克思的思想太有争议。完成学业后，马克思开始了自己的新闻生涯，成为《莱茵报》的员工。

与此同时，服役期间的恩格斯驻扎在柏林。他经常旁听柏林大学的讲座，并开始匿名为《莱茵报》撰写文章。1842年，

▲ 最初，马克思和恩格斯把大部分时间都花在为《莱茵报》编辑或撰稿上

24岁的马克思和22岁的恩格斯初次见面。尽管他们的背景和世界观相似，但似乎两人都没给对方留下深刻印象。

后来，恩格斯被派到他父亲公司的英国索尔福德办事处工作，马克思则在《莱茵报》被普鲁士当局查封后搬到巴黎做《德法年鉴》的主编。1844年恩格斯到访巴黎时，两人第二次见面。马克思对恩格斯关于英国工人阶级的研究印象深刻。他赞同恩格斯的看法，确信当工人阶级发起反对资产阶级的革命时，社会主义就会发展起来。马克思邀请恩格斯在巴黎多待一段时间，两人开始合作撰写他们的第一本著作《神圣家族》，对青年黑格尔派等进行批判，开始与该学派分道扬镳。

马克思因激进的新闻报道被驱逐出法国后，他和恩格斯又开始继续一起写作。在撰写《德意志意识形态》一书时，他们在不断完善自己思想的同时，又一次发起对青年黑格尔派的批判。在布鲁塞尔，马克思和恩格斯与志趣相投的朋友们一起建立了共产主义通讯委员会，随后开始与正义者同盟合作。正义者同盟是一个主要由德国移民组成的地下组织，旨在为阶级革命奠定群众基础。然而，马克思对正义者同盟成员说，如果想要取得成功，就必须成立公开行动的政党。于是，这个秘密组织与共产主义通讯委员会合并，共产主义

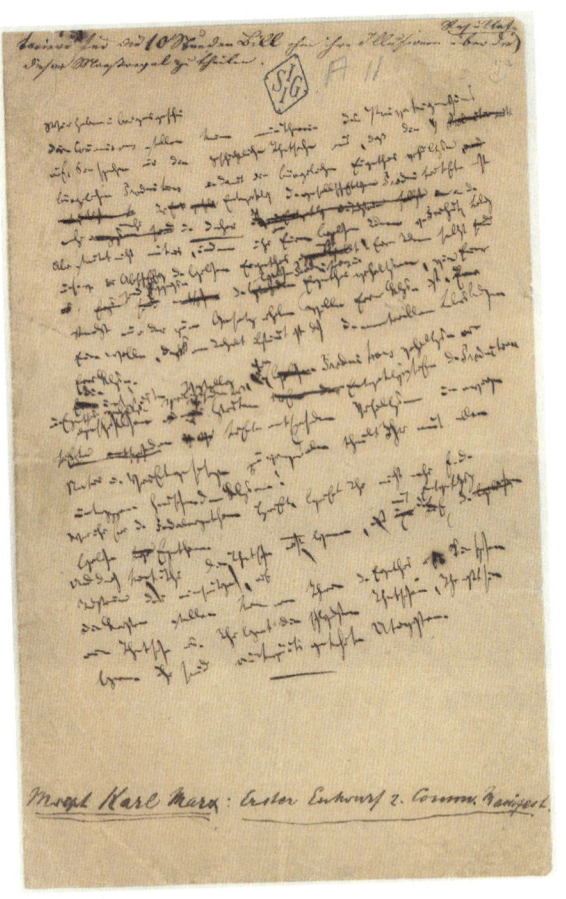 

▲ 马克思《共产党宣言》的早期手稿只存世一页，从中可见该书一气呵成，几乎没有修改

▲ 由于被当局流放或被迫逃离，马克思和恩格斯多次从一座城市搬到另一座城市，最后在伦敦定居下来

者同盟应运而生。

马克思和恩格斯很快成了这个新组织的领军人物。恩格斯受托起草一份文件，详细阐述该同盟的纲领，最终写成了《共产主义原理》，其中提出了25个关于共产主义的问题，并从同盟角度予以详尽解答。不过，恩格斯对这个教理问答式文本并不满意。马克思在此基础上继续完善，最终修改成一份约12000字的文稿。

1848年2月21日，封面为深绿色的23页德文单行本《共产党宣言》在伦敦出版，后来成为政治史上最具震撼力的纲领性文件。宣言中，两人总结了他们的理论，阐述了阶级斗争历史，预测资本主义终将被社会主义所取代。他们渴望通过革命来实现变革的愿望，最后号召"全世界无产者，联合起来"。

然而，这本小册子最初并未引起巨大轰动。在它出版后数周，1848年欧洲革命爆发，但《共产党宣言》鲜为人知，在起义浪潮中也没有发挥什么作用。法语版只在巴黎发行，在该版出版后不久激进党就

《共产党宣言》为新生的共产主义运动提出了一系列目标：

1. 剥夺地产，把地租用于国家支出。
2. 征收高额累进税。
3. 废除继承权。
4. 没收一切流亡分子和叛乱分子的财产。
5. 通过拥有国家资本和独享垄断权的国家银行，把信贷集中在国家手里。
6. 把全部运输业集中在国家手里。
7. 按照总的计划增加国营工厂和生产工具，开垦荒地和改良土壤。
8. 实行普遍劳动义务制，成立产业军，特别是在农业方面。
9. 把农业和工业结合起来，促使城乡对立逐步消灭。
10. 对所有儿童实行公共的和免费的教育。取消现在这种形式的儿童的工厂劳动。把教育同物质生产结合起来……

▲ 马克思和恩格斯一生都保持着亲密的友谊

在巴黎工人六月起义中输给了自由党，而英译《共产党宣言》直到1850年11月才完成。

1848年欧洲革命归于失败，没有带来什么持久的变化，其中一个结局是比利时政府指责马克思为布鲁塞尔革命团体购买武器，将其驱逐出比利时。被迫踏上逃亡之路的马克思先是去了巴黎，然后到了科隆，1849年夏天在伦敦定居下来。几个月后，他与恩格斯在英国会合。恩格斯之前参加了巴登-普法尔茨武装起义，是最后一批逃到瑞士边境安全地带的斗士之一。

随着1848年欧洲革命的失败，马克思、恩格斯和他们的新政治理论面临湮没无闻的可能。恩格斯重操旧业，回归在索尔福德的家族企业，不情愿地做了一名职员，逐步晋升为公司的合伙人。他仍在撰写政论文章和著作，认为自己出于无奈所从事的日常工作只是为了在经济上接济马克思。

马克思为世界各地的报纸撰稿，特别是在担任《纽约每日论坛报》驻欧洲记者长达11年的时间里，还在大英博物馆阅览室里埋头钻研。数百页关于经济理论的笔记经过精心整理，写成了《资本论》第一卷。马克思在这部经典著作中详细阐述了自己的观点，即资本主义生产方式下的剥削是不可避免的，而资本家成为唯一受益人。

鉴于工人阶级革命未能取得进展，马克思特别想透彻研究政治和经济理论。他是国际工人协会（通常称为第一国际）的创始人之一，担任总委员会委员，并接受委托起草组织纲领。然而，由于马克思主义者和无政府主义者之间观点相左，第一国际的工作受到影响。马克思主义者准备参与议会辩论和政治行动，而无政府主义者则否定马克思关于过渡时期无产阶级专政的必要性，主张直接建立共产主义经济和公有制。1871年，巴黎爆发革命，巴黎公社暂时掌权。虽然两个月后巴黎公社被法国军队迅速镇压，但马克思将其视为无产阶级专政的一个榜样。

马克思和恩格斯撰写的23页《共产党宣言》单行本成为政治史上最具震撼力的纲领性文件。

▲ 在马克思和恩格斯的一生中，1871年成立的巴黎公社是把他们的思想几近变成现实的例子

1883年3月，马克思与世长辞，享年64岁。由于政治观点之故，他成了一位无国籍人士，没能亲眼看到自己的思想启迪世界。已退休的恩格斯在马克思未完成的手稿和笔记基础上整理出了《资本论》的后两卷。12年后恩格斯逝世，他和马克思在40年前共同创立的政治理论终于开始深入人心。1889年第二国际成立，旨在将社会主义政党和组织统一在一个旗帜下，同时将分裂第一国际的无政府主义者驱逐出去。1890年，德国社会民主党以马克思主义原理为指南重新成立。在俄国，在格奥尔基·普列汉诺夫和年轻革命者弗拉基米尔·列宁领导下，共产主义行动派开始轰轰烈烈地发展起来。

在1917年俄国革命中，俄国建立了世界上第一个共产主义政权。第二次世界大战后，国际共产主义方兴未艾。马克思和恩格斯当初会想到他们共同撰写的这本薄薄的小册子会产生如此巨大的影响吗？他们在《共产党宣言》中给世界带来的变化无疑比任何其他政治运动的影响都大。

一个革命者的崛起

深入探究莫罕达斯·甘地行动主义思想的演变

塔拉特·艾哈迈德博士

2019年是莫罕达斯·卡拉姆昌德·甘地（1869—1948）诞辰150周年。他是20世纪最具标志性的重要人物之一，人称现代"印度之父"。1959年，非洲裔美国人民权运动领袖马丁·路德·金前往印度向其表达敬意，赞赏道："甘地一生中鼓舞和激励的人比世界上任何其他人都多。"这个说法未免夸张，但甘地的非暴力不合作思想在世界各地的确备受推崇。该思想最初在南非（甘地在那里生活了20多年）得以践行，领导了在南非纳塔尔省和奥兰治自由邦的印度人争取公民权利和政治权利的斗争。

甘地回到印度后，成千上万的民众自愿在他的领导下投身于大规模非暴力抗议运动以争取独立。在1920—1922年的不合作运动之后，1930年有6万多人因未缴纳殖民地盐税而被捕入狱。1942年，10万多名印度人因甘地发起的"退出印度"运动而身陷囹圄。甘地本人在南非被监禁4次，在印度又被监禁5次。据估计，他一生中总共在监狱中度过了2338天漫长时光。然而，他发起的每一场运动都形成了排山倒海之势，动摇了英国人努力保住印度这颗"王冠上的宝石"的想法。

甘地的政治哲学被称为非暴力抵抗（satyagraha，satya意为真理，agraha意为坚持）。

衣着朴素的甘地鼓励印度人自己编织面料和布料

它不是被动的抵抗，而是积极地参与，用非暴力方式与不公正法律相抗衡。对甘地来说，这不是"对恶人意志的温顺服从，而是用自己的灵魂反抗暴君的意志"。非暴力政治代表了反对不公正秩序的道德力量，拒绝与当局合作，愿意为达到目标而忍受痛苦。

甘地的一生跌宕起伏，矛盾交织，充满讽刺。作为一位非暴力传道者却被刺客的子弹击倒；笃信宗教，热情地为宗教团结而奋斗，结果却看到印度获得自由却四分五裂；先后9次被殖民政府视为危险颠覆分子而遭关押；从1916年起，每一任英国总督都不得不与他打交道。

这个来自印度小镇的小个子男人，一个在伦敦学过法律，酷爱演讲、舞蹈和法语的人，是如何在20世纪上半叶主宰了印度政治、推动各种社会运动和解放斗争的呢？

童年时代

从很多方面来看，甘地都不太可能成为印度自由运动的偶像。1869年，甘地生于莫德·班尼亚（Modh Bania）家族。这个家族属于中等种姓，主要从事贸易和借贷，他所生活的社区以精明、节俭和优秀的商人形象闻名。他的出生地是博尔本德尔（Porbandar）小镇，属于古吉拉特邦（Gujarat）西南海岸的一个半独立土邦。他父亲的家族有两代人做过王公和国王顾问。小学毕业后，甘地进入拉杰科特（Rajkot）唯一的一所英语学院接受教育。由于他在土邦长大，几乎没有接触或经历过直接的英国殖民统治。这样的经历带来的好处是，他坚信印度人可以而且应该自治。

我不会让任何人用肮脏的脚踏足我的思想。

时间线

1869年10月2日
甘地出生在印度博尔本德尔，父母是卡拉姆昌德·甘地和普特利拜·甘地。甘地是父亲第4次婚姻中最小的儿子，有5个哥哥姐姐。

1883年5月
甘地和卡斯图尔巴·马克哈基结婚。当时，甘地13岁，卡斯图尔巴14岁。这对夫妇一直不离不弃，直到1944年卡斯图尔巴去世。

1888年9月4日
甘地开始在伦敦大学学院学习法律，目标是成为一名律师。他同时钻研印度法律，还加入了素食协会，余生始终酒肉不碰。

1891年6月
甘地通过律师资格考试后回到印度，希望在孟买开始他的律师执业生涯。他接受了几家公司的工作，但很难在竞争激烈的行业中站稳脚跟。

1893年4月
甘地前往南非，与印度人达达·阿卜杜拉开办的律师事务所合作，处理一起悬而未决的诉讼。在南非，由于种族原因，即便有票，他照样被赶出了头等车厢。

▲ 1888年前后的甘地还是一名法律系学生

▲ 约1905年，甘地和同事在他位于南非约翰内斯堡的律师事务所前合影

伦敦

在甘地眼中，伦敦是"哲学家和诗人的故乡，文明的中心"。可想而知，出身于小镇家庭的他在1888年被送到伦敦读法律时会有多么兴奋。1890年，伦敦只有207名印度人，初来乍到的甘地觉得相当孤独困惑。由于缺乏英国公立学校和牛津剑桥的教育背景，他没有上流人士的自信。为克服这些障碍，甘地决心把自己变成一个典型的英国绅士。他在海陆空三军合作社购买了衣服，到邦德街买了晚礼服，学会了系领带，还淘到了一块双链金表。除此之外，他又开始学习交际舞、法语和演讲。

另外，伦敦对甘地还有两种影响，潜移默化地塑造了他的哲学观。一种影响来自素食协会。该协会的目标不仅是节食，而且还要"寻求达到人类理想（重视精神、

1894年8月22日
甘地原计划离开南非，但当他得知一项法案拟剥夺南非印度人的投票权时，他便决定留下来。他成立了纳塔尔印度国大党，为争取平等权利而斗争。

1896年7月9日
甘地开始撰写"绿色小册子"，通过一系列文章记录了生活在南非的印度人所面临的不公正待遇，发表后引起英国的注意，因为他们认为这些纯属煽动反政府的言论。

1908年1月10日
甘地第一次因拒绝在南非政府登记并携带身份证件而被逮捕。据信，同年晚些时候，他再次遭到监禁。他研读了亨利·大卫·梭罗的《论公民的不服从义务》，进一步巩固了他的非暴力哲学思想。

1913年10月28日
为能在南非获得印度人的权利，甘地率领2037名男性、127名女性和57名儿童游行。之后，印度诗人、诺贝尔文学奖得主泰戈尔称甘地为"圣雄"。

1914年6月26日
1914年1月政府通过《印度人救济法案》，其中包括给予在南非的印度人以更多自由和赦免那些曾经抵制不公正法律的人，从而结束了抗议活动。

▲ 1924年，甘地出狱后隐居了一段时间

身体、心理和道德层面的人类生活）的必要条件"。另一种影响来自神智学会。该学会借鉴印度教和佛教要义，鼓励阅读梵文文本，寻求将西方科学的新成就与有组织的宗教协调起来。从这个意义上讲，神智学家将基督教和其他信仰体系的元素融合起来，呈现了一种现代化、革新的印度教形式。经人介绍，甘地接触到了《薄伽梵歌》和其他以前从未读过的宗教典籍。这些典籍为他呈现了另一种宗教信仰的方式。这种方式融合了各种文本的精髓和影响，但同时又强调：克己是宗教的最高形式；向打人的对手献上另一边脸和爱非常必要。这种将基督教受难、印度教神话和节制有机结合的独特综合体，成为成年甘地的缩影。素食主义者和神智学会成员是更大规模的激进改革者运动的一部分。他们反对城市化和工业化。这些中产阶级持

1920年8月2日
甘地领导的印度第一次全国性非暴力独立抵抗运动"不合作运动"开始。这场运动是对限制印度人权利的《罗拉特法案》和1919年4月发生的阿姆利则惨案的回应。

1922年2月4日
在乔里乔拉车站火灾中，有警察被抗议者杀害，甘地呼吁结束不合作运动。尽管如此，他还是以煽动暴力的罪名被英国当局逮捕。

1924年2月
年初，甘地获释，开始为期21天的禁食，努力将印度教徒和穆斯林团结在一起。在他入狱期间，这两个团体已经分裂。

1930年1月26日
印度国民大会党发表《印度独立宣言》，承诺该党为自治和结束英国帝国主义占领而斗争。

1930年3月12日
作为公民不服从新政的一部分，"食盐进军"开始挑战英国对印度强加的不公正法律。成千上万民众加入甘地的行列，前往海边制盐。

▲ 反对盐法的"食盐进军"是甘地和平反抗英国在印度统治的最著名的行动之一

不同政见者希望通过个人努力和道德约束来改变社会,而正是这种大道至简令甘地如醉如痴。

南非

英国导演理查德·阿滕伯勒(Richard Attenborough)执导的电影《甘地传》(本·金斯利主演,1982年)中的一幕深深烙印在人们的脑海中:在从德班前往比勒陀利亚途中,甘地受到检票员的百般羞辱。种族隔离、歧视和暴力是南非所有非白人生活的写照。甘地以前没有亲身经历过种族主义,所以被人当作"苦力"律师他感到非常屈辱,因为他相信,作为一国子民,印度人有权在法律面前得到平等对待。当时,甘地还没有与南非的大多数非洲人产生共情,起初对印度人和非洲人地位半斤八两这件事还感到相当惊诧。

1931年8月29日
甘地回到伦敦,代表印度国民大会党参加与英国政府举行的第二次圆桌会议。在英期间,他与伦敦东区和兰开夏郡当地的工人会面。

1942年8月8日
第二次世界大战期间,全印度国大党委员会发起"退出印度运动",希图向英国政府进一步施加压力,结束帝国统治,允许印度自治。

1944年2月22日
与甘地度过钻石婚的妻子卡斯图尔巴·甘地因慢性支气管炎、肺炎和近几个月的两次心脏病发作去世。

1947年6月15日
英国通过《印度独立法案》,成立印度和巴基斯坦两个独立国家,将政权从英国政府移交给两国政府。

1948年1月30日
在去参加祈祷会的路上,甘地被印度教民族主义者纳图拉姆·戈德森(Nathuram Godse)刺杀。戈德森当场被捕,同伙也在几周后被当局抓捕归案。

▲ 1945年，甘地在西孟加拉邦参加群众集会

彼时的甘地非常像一个"英国维多利亚时代"的印度人，寻求迁就和接受英国的一切。这从他参与的早期运动中也能看出来。他使用写信、游说议会等适合中产阶级政治的方法，强调他们的运动不是为了所有印度人的平等，而是为了印度"受人尊敬的"阶层的平等。

此时，甘地已经了解了亨利·大卫·梭罗的思想。梭罗是政论《论公民的不服从义务》的作者。人们最初称其是"与公民政府作对"。甘地回忆说，梭罗的作品给他"留下了深刻的印象"。梭罗以崇尚简朴生

▲ 尼赫鲁在国大党会议上发表讲话

活而闻名。他反对美墨战争和奴隶制，结果因拒绝向不公正的政府纳税而入狱。

另外两篇文章也对甘地产生了深远的影响。列夫·托尔斯泰的《天国在你们心中》（1893年）将甘地的注意力转向了非暴力概念。"在这本书深刻的道德性和真实性面前，"他后来写道："所有的书……似乎都变得微不足道。"读完英国慈善家约翰·罗斯金（John Ruskin）的著作《留给这个后来者》，他"决心改变我的生活"。他意识到"个人利益包含在所有人的利益之中……律师的工作和理发师的工作具有同样的价值……劳动者的生活，也就是耕种者和手工业者的生活，也是有价值的生活"。

这些人深刻地影响了甘地的政治实践。从梭罗那里他学会了要抵制不公正法律；从罗斯金那里他懂得了所有人类劳动的尊严和社会价值；从托尔斯泰那里他清楚了必须把非暴力作为所有活动的指导原则。甘地在南非有效地运用了这些方法。在那里，他从担任印度商人和专业人士社区的首席组织者和顾问，转为发起引人注目的焚烧登记文件的集体抗议活动。他领导了跨越不同州界的游行，号召印度工人放下工具进行罢工。甘地开始重新思考自己的观点，不仅是种姓、阶级和种族方面的，还有策略方面的，因为他意识到群众政治和群众行动是赢得广泛支持的坚实基础。

重返印度

1915年，在南非生活了22年的甘地

▲ 甘地 1931 年访问伦敦东部时，与当地民众生活在一起

回到印度。人们把他看作民族英雄，称他为"圣雄"。之前他是英国的效忠者，第一次世界大战期间还帮助英国招募士兵。随着血腥战争的结束，甘地的政治倾向日益转向印度民族主义。1919 年春天，甘地曾呼吁人们抵制《罗拉特法案》。这是一项严苛立法，目的是确保殖民地国家保留越权的战时搜查和逮捕权，无需逮捕证，无需审判就可以实施拘留。

直到 1919 年发生的阿姆利则惨案彻底改变了甘地。一名英国准将下令对一场和平集会的人群不分青红皂白地开火，导致数百人死亡，上千人受伤。这一事件后来成为殖民暴行的缩影，直接让甘地从英国的效忠者变成了英国统治的坚定反对者，很快，他就开始倡导印度完全自治（purna swaraj）。

在此之后，甘地和印度国民大会党的其他领导人宣布发起一场新的大规模"不合作"运动，目的是在一年内实现印度独立。在这场运动中，人们抵制英货，在街上焚烧英国的权力象征，企业纷纷倒闭。

运动的第一个月,大约有9000名青少年从英国办的中小学和大学退学,进入新的"国家机构",所有官方机构均遭抵制。外国布料贸易崩溃,价格腰斩。不伤害和非暴力思想以及甘地团结成千上万普通印度民众争取独立的能力,在1920年夏天的这场运动中首次得以充分体现。甘地被逮捕、释放、拘留并再次释放,但这场运动标志着印度民族主义从中产阶级向普罗大众的推广,从而使甘地成为当地无可争议、众望所归的领袖。

10年后的1930年,甘地徒步240英里,发起大规模非暴力反抗运动,抵制盐税,成千上万的男女老幼纷纷效仿。甘地再次遭到逮捕,但殖民地监狱里抗议者人满为患,英国政府别无他法,只能释放所有囚犯,请甘地前往伦敦,就印度自治问题进行谈判。抵达英国后,甘地受到政客、神职人员、伦敦东区人和王室成员的热烈欢迎。

同样,在1942年第二次世界大战中期的抵制运动中,甘地发起了"退出印度运动"。农民、工人和城市贫民争先恐后地加入了民族主义运动。和以前一样,甘地在

▲ 甘地受到格林菲尔德纺织厂工人的热烈欢迎

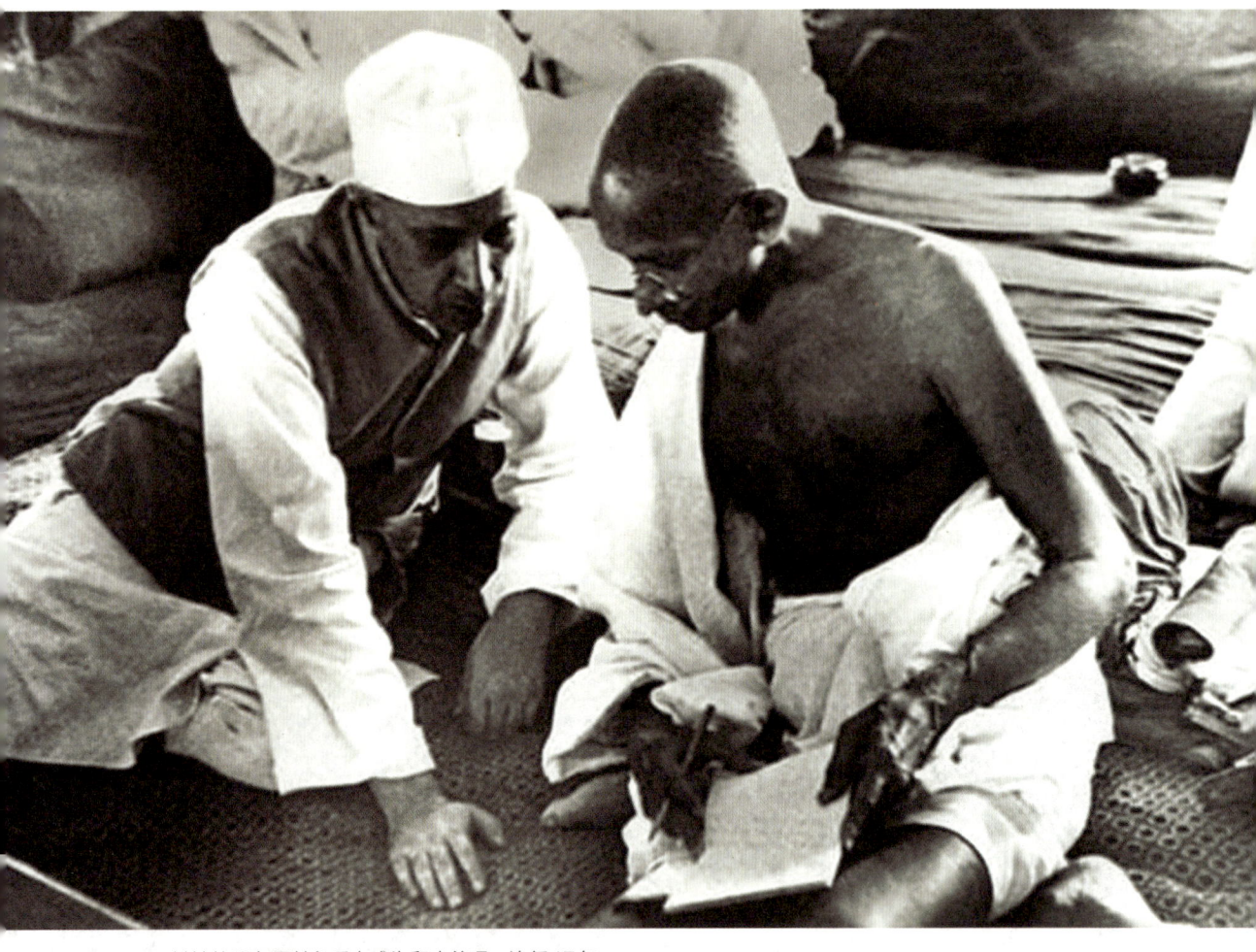

▲ 甘地的盟友尼赫鲁后来成为印度总理，连任17年

战争期间不断遭到逮捕和拘留，但他不知疲倦地继续以他的名义发起运动进行抵抗，成为英国的眼中钉。

复杂的遗产

作为甘地系列运动之一的大规模民族主义运动的兴起对实现印度最终独立至关重要，但也经常给他的非暴力计划带来问题。阿姆利则惨案后，甘地下令叫停抵抗，禁食赎罪。1922年2月，警察开枪打死3人，愤怒的人群在乔里乔拉村（现位于北方邦）杀死警察，不合作运动于1922年停止。这种情况发生以后，甘地批评群众没有为非暴力"做好准备"。乔里乔拉事件发生后，国大党领导人在其指示下向遇难警察家属表示同情，称施暴者是"暴民"。

这些例子表明，甘地的初衷和他发起运动的结果之间存在某些矛盾和复杂关系，也与某种精英主义——认为粗鲁的普通群众没有受过教育，为非理性激情所控制，而受过教育的中产阶级则是天生的领导者——背道而驰，1946年皇家印度海军

弱者永远都不会宽恕，宽恕是强者的特质。

兵变就是明证。在这次兵变中，印度水手在船上和孟买岸上实行全面罢工，随后发生起义。由此，起义蔓延到从卡拉奇、加尔各答到马德拉斯的整个英属印度，口号是"为孟买罢工""印度万岁"，涉及78艘船、20处海岸设施和2万名水手。起义者对食物配给不足、缺乏职业发展以及英国海军人员的种族歧视表示强烈不满。起义者扯下英国国旗，成千上万的支持者为起义者带来食物，在港口与水手们打成一片。孟买有30万人参加支持起义的大罢工，抗议活动远至卡拉奇。

让甘地非常恼火的是，这次起义并非由他发起。在1946年3月3日声明中，甘地批评罢工者"轻率无知"，缺少"政治领袖"的"指导和干预"。最后，似乎是为了澄清他对自由的概念，甘地对起义者出言不逊："独立不是通过现在孟买、加尔各答和卡拉奇发生的事情来争得的。"

在甘地看来，自下而上的行动并不合法。他担心这类活动会违背他的非暴力、自律和妥协的原则。他强调谈判、做出让步，在国家暴力面前学会伸过去另外一边脸，进而让对立双方都觉得自己有所斩获。这使他受到一些英国人的追捧。这些人更欣赏他的非暴力做法，而不是任何大规模的激进战略。意大利革命家安东尼奥·葛兰西（Antonio Gramsci）对此感悟颇深。他认为，让"唯心主义"凌驾于"唯物主义"之上，会导致"纯粹精神价值等的提升、被动、不抵抗和不合作。可实际上，这是一种削弱和稀释的抵抗，是用床垫来挡子弹"。

甘地和他令人鼓舞的"个人不服从运动"虽然有很多东西值得我们学习，但我们也应该认识到其策略的局限性。事实上，英国人离开印度并不仅仅是因为甘地。底层民众的运动也起到了很大作用，如1921年佃农和农民奋起反抗英国当局和地主以抵抗政府大规模报复的莫普拉起义，以及1946年让孟买、卡拉奇和加尔各答等重要港口陷入瘫痪的印度海军起义等。这些行动与甘地无关，但在20世纪早期到中期的这段时间里，让印度对于英国来说变得很难治理。

西丽玛沃·班达拉奈克

闪耀世界政治舞台的全球首位女总理

乔安妮·阿尔·萨玛里

▲ 班达拉奈克夫人本无心从政，1959年却成为世人瞩目的焦点

1960年7月21日，西丽玛沃·班达拉奈克（Sirimavo Bandaranaike）夫人庄严宣誓就任斯里兰卡（时称锡兰）总理一职，世界上首位女总理就此横空出世，在历史上留下了浓墨重彩的一笔。执政的40年间，她为国家稳定与发展做出了杰出贡献。她打破了长久以来女性政治生涯的天花板，为女性进入政界高层开辟了道路。

在崭露头角之前，西丽玛沃从未显露过任何政治上的雄心壮志。她家境殷实，在科伦坡教会女校接受教育的她却是位虔诚的佛教徒。毕业之后，她投身于社会公益事业，积极参与社区项目建设，组织门诊活动，时常穿越丛林，跋山涉水，为当地民众分发食物和药品。她积极倡导妇女权益，加入了斯里兰卡的马希拉·萨米提组织。该组织通过为农村地区提供培训和教育来促进妇女参与社会事务。

▲ 1963年，班达拉奈克夫人与苏联"阿芙乐尔号"巡洋舰上的官兵合影

　　1940年，西丽玛沃与所罗门·班达拉奈克喜结良缘。所罗门毕业于牛津大学，后期创立了斯里兰卡自由党（SLFP）。尽管所罗门政治抱负远大，班达拉奈克夫人对此却鲜有兴趣。她深居简出，悉心抚养3个幼子。所罗门1956年荣任国家总理之后，夫妻俩的生活亦复如是。然而，3年后，一场突如其来的暴力事件彻底改变了她的生活轨迹：所罗门遭一名佛教僧人暗杀后身亡。作为遗孀的班达拉奈克夫人自此成为众人瞩目的焦点。她饱含激情的演讲为她赢得了"流泪寡妇"之名，更赢得了斯里兰卡人民的爱戴。

　　在万众瞩目下，班达拉奈克夫人开始与已故丈夫所属的斯里兰卡自由党携手并进，以实现其社会主义理想为己任。斯里兰卡曾历经过数个世纪的殖民统治，班达拉奈克夫人毅然高举僧伽罗民族主义的火炬，以崭新的姿态和旺盛的活力继续前行。鉴于她所展现出的强烈共情心和卓越领导力，斯里兰卡自由党诚挚邀请她担任该党领袖。这位领袖虽然缺乏从政经验，却带领全党在选举中赢得了胜利，班达拉奈克夫人亦因此成为世界历史上首位当选的女总理。在就职演说中，班达拉奈克夫人深情地表示："我深知，倘若我未能迈出这一步，那些反对势力必将再次崛起，压迫无辜民众。我的丈夫曾为此献出了宝贵生

▲ 家中的班达拉奈克夫人在已故丈夫所罗门、印度总理尼赫鲁照片前

命，我必须继续他的遗志，守护这片土地和人民。"

她被视为斯里兰卡社会中妇女地位不断提升的显著象征，同时也是平等与独立精神的坚定捍卫者。自亮相之初，班达拉奈克夫人即在首次不结盟运动峰会上以唯一女性领导人的身份引起了广泛关注，成为舆论焦点。她坚决反对世界分裂集团化，积极倡导政治全球化理念。她在发言中表示："能够参与此次盛会我深感荣幸。我不仅代表自己的祖国，更代表世界上数千万的女性和母亲。我能理解她们的想法与期盼。我们深切关注全人类的福祉和未来。"

班达拉奈克夫人在这场运动中以其开创性的贡献，成功搭建了一个国际友谊联盟，为斯里兰卡未来数十年的外交政策奠定了坚实的基础。她凭借卓越的外交才能，成功地为斯里兰卡在国际谈判中争取到了一席之地，进而促成多项贸易协议以及外国援助落地。

▲ 1961年，班达拉奈克夫人与其他世界领导人一起出席不结盟运动峰会

在此期间，这位新总理以其稳重而又审慎的作风，力主斯里兰卡的国内利益，妥善处理了与印度之间的两项长期争议。其一，她解决了英国殖民统治时期引入斯里兰卡茶园劳动的百万印度劳工问题，她同意遣返50万劳工返回印度，同时为30万劳工授予斯里兰卡公民身份；其二，她积极与印度展开海上边界的新一轮谈判，确保卡赖蒂武岛（Karaitivu）的归属权。这不仅有助于改善与印度的双边关系，也

斯里兰卡殖民地历史

班达拉奈克夫人的诸多政策可视为对数个世纪欧洲殖民统治的直接应对措施。1505年葡萄牙人抵达科伦坡时，该岛共有贾菲纳、康提和科特3个主要王国。然而，时至1658年，荷兰人为掌控香料贸易航线，将葡萄牙人驱逐出去，逐步占领了除康提王国之外的整个岛屿。

1815年，英国人占领康提王国，整个岛屿沦为殖民地。雪上加霜的是，英国开始从印度南部农村将泰米尔人转运上岛，在这里开始茶叶、咖啡和椰子树种植。

随着基督教传教士的到来，佛教和印度教的分歧进一步加剧。慢慢地，他们开始鼓励更多斯里兰卡人参政议政。到1910年，他们取得初步胜利，斯里兰卡人被获准可选举一名议员。这只是一场漫长政治改革斗争的第一步。第二步是在1924年，当时允许建立一个代议制政府，第三步是英国在1931年赋予斯里兰卡人普选权。

1948年，斯里兰卡实现全面独立，然而，许多印度泰米尔种植园劳工却遭到公民权被剥夺的不公正待遇，由此引发的不满情绪逐渐发酵。1956年，所罗门·班达拉奈克在僧伽罗民族主义浪潮中出任总理，并很快将僧伽罗语定为斯里兰卡唯一官方语言。同年，逾百名泰米尔人在抗议活动中丧生。1958年，成千上万的泰米尔人因流离失所而义愤填膺，从而为后续几代人的冲突埋下了祸根。

▲ 1976年，班达拉奈克夫人在联合国大会上发表讲话

赢得了斯里兰卡国内占多数的僧伽罗族群的支持与认可。

然而，尽管她竭尽全力与各国维持着不错的关系，但与西方国家交涉时仍然挑战重重。英国加入欧洲共同市场之际，英联邦成员国被迫重启贸易协议谈判。更为严重的是，当班达拉奈克夫人的国有化计划对石油工业造成冲击之时，美国竟暂停对斯里兰卡的援助，班达拉奈克夫人认为此乃干涉他国内政之举。

在此9年前即1964年的第二次不结盟运动峰会上，她坚定明确地阐述了自己的立场："不结盟政策之魂是坚信独立国家即便弱小、军事实力不足，也应在当今世界发挥积极的作用。"

面对挑战，她领导的政府并未退缩，

▲ 1964年，班达拉奈克夫人和加纳总统克瓦米·恩克鲁玛在一起

而是积极制定并实施了一系列福利政策，致力于提升国民的健康水平和文化素养。然而，随之而来的经济衰退问题日益凸显，一场严重的经济危机开始显现。斯里兰卡失业率不断攀升，民众生活成本也日益看涨。此外，因为收购了几家大报，政府被指控垄断新闻界，诸如此类，使国内局势渐趋混乱。

随着斯里兰卡自由党地位摇摇欲坠，人们开始转向统一国民党（UNP）。该政党赢得了被班达拉奈克夫人改革疏远的少数民族的支持，因为班达拉奈克夫人的改革举措更有利于占多数的僧伽罗人。1965年，统一国民党在大选中获胜。尽管在本次选举中落败，班达拉奈克夫人仍然专注于本职工作，继续担任反对党领袖。

班达拉奈克夫人渴望在新政府5年任期结束后重新掌权。为实现这一目标，她与兰卡平等社会党和斯里兰卡共产党携手组成联合阵线，在1970年选举中，她赢得压倒性胜利，成功获得151席中116席的支持。然而，她接手的政府却面临着严峻挑战。当时斯里兰卡主要出口商品茶叶和橡胶的国际价格大幅跌落，而进口食品价格却在不断飙升，斯里兰卡遭到严重冲击。此外，班达拉奈克夫人以前所推动的教育体制改革培养了大批受过良好教育的年轻人，但这些毕业生的就业率却持续低迷。

为克服上述困难，班达拉奈克夫人继续推进自己的计划，强调发展混合经济，增大国家所有权，加大对土地所有权和收入所有权的限制。虽然这些改革措施惠及斯里兰卡大多数贫困人口，但仍未能阻止全国不断恶化的经济形势，许多专业人才流失海外。许多受过教育的年轻人对于这些改革举措缺乏耐心，心中幻想随之破灭。1971年，在斯里兰卡人民解放阵线鼓动下，他们的不满情绪日益高涨，最终发动了武装叛乱。

班达拉奈克夫人立刻宣布全国进入紧急状态，用凌厉的手段迅速平息了叛乱。此举导致很多叛乱领导人遭到监禁，数十人丧生。叛乱危机解除之后，她仍利用本次危机赋予其政党的大范围紧急处置权（如可不经政府授权），继续执政长达6年之久。在此期间，她推动实施了一部全新宪法，将国家政体转型为共和国。随后，班

▲ 1976年，班达拉奈克夫人和印度总理英迪拉·甘地在一起

达拉奈克夫人将国家重新命名为斯里兰卡，在僧伽罗语中寓意为"辉煌的岛屿"。与此同时，确立佛教为斯里兰卡国教。此举引发了其他宗教群体的强烈不满。此外，政府还禁止从印度进口泰米尔语电影、书籍和杂志等，从而进一步激起了占国家人口总数15%的泰米尔人的集体愤怒。

在一片喧嚣之中，斯里兰卡国有化改革波及金融领域、橡胶和茶园产业。尽管

带关系和腐败问题的指控越发激烈,统一国民党在大选中再次取得决定性胜利,班达拉奈克夫人时代就此宣告结束。这位前总理因滥用职权获罪,被剥夺公民权利并逐出议会。尽管班达拉奈克夫人在1994—2000年再度担任斯里兰卡总理一职,但那时该职位形同虚设,她已大权旁落。

自1960年班达拉奈克夫人掌政握权以来,非洲、亚太地区、拉丁美洲和欧洲的70多个国家已涌现出多位女性领导者。

尽管班达拉奈克夫人在斯里兰卡所推行的政策有待完善,但她在教育和社会改革方面的贡献提升了斯里兰卡国民识字率,提升了女性的社会参与度,使得该国在人类发展指数评价体系中成为南亚地区的佼佼者。同时,她在国际舞台上为斯里兰卡塑造了果敢的形象。斯里兰卡人把班达拉奈克夫人誉为"英雄母亲"。

小时薪资水平有所上升,但工作时间骤减,民众生活质量也随之直线下降。很快,舆论开始纷纷指责政府治理不善。尽管国内紧张局势不断加剧,班达拉奈克夫人仍于1976年在科伦坡成功主办了不结盟国家领导人峰会。此次峰会吸引了众多外交官莅临斯里兰卡,被视为她的执政巅峰。

1977年,随着斯里兰卡国内反对声浪不断高涨、国民经济陷入衰退,对政府裙

图片所属

17页	© Alamy, Getty Images
41页	© NASA; Thinkstock
67页	© Adrian Mann
186页	Getty Images (newspaper, London)
203页	Getty Images (lead, Merkel); Alamy (China Premier, Avrora)
206—208页	Getty Images; Alamy (colonial past, UN)